Die vier Jahreszeiten im Morgenkreis

*Die schönsten Ideen für den Morgenkreis
im Einklang mit der Natur für eine spielerische Förderung
der Sozial- und Sprachkompetenz im Kindergarten*

Kathrin Feldmann

ISBN: 978-3-969304525

Email: info@edition-lunerion.de
www.edition-lunerion.de

Psiana eCom UG
Berumer Str. 44
26844 Jemgum

INHALT

Vorwort

Der Morgenkreis wird bereits in vielen Kindergärten seit Jahrzehnten nicht nur als tägliches Begrüßungsritual genutzt, sondern kann auch ganz bewusst dazu eingesetzt werden, wichtige Kompetenzen der Kinder hervorzubringen und spielerisch zu fördern.

Der Morgenkreis ist ein Ritual, das den Kindern in Ihrer Gruppe Struktur, Sicherheit und Geborgenheit vermittelt, und stellt somit den perfekten Nährboden für eine bedürfnisorientierte Förderung der sozialen sowie sprachlichen Kompetenzen dar.

Im weiteren Verlauf dieses Ratgebers erfahren Sie, was genau den Morgenkreis als Ritual so besonders macht und wie Sie ihn gewinnbringend einsetzen können. Des Weiteren erlangen Sie einen Überblick darüber, wie Sie den Morgenkreis vielseitig gestalten und zudem auch richtig ausführen können. Darüber hinaus erhalten Sie ein vielfältiges Angebot an kreativen und praxisorientierten Ideen passend zu den vier Jahreszeiten und bekommen wertvolle Tipps an die Hand, mit deren Hilfe Sie den Morgenkreis erfolgreich planen und durchführen werden.

Viel Spaß beim Lesen!

Guten Morgen!

Kinder brauchen unsere besondere Fürsorge,
weil sie unsere Zukunft sind.
Peter Ustinov

Für unsere kleinsten Mitmenschen ist jeder Tag aufs Neue aufregend und spannend. Unser Alltag ist ihre Kindheit und als pädagogische Fachkraft tragen Sie einen großen Teil dazu bei, diese Kindheit nachhaltig zu prägen. Die meisten Kinder zwischen 3 und 6 Jahren besuchen tagtäglich den Kindergarten und verbringen dort einen Großteil des Tages. In dieser Zeit lernen sie das soziale Miteinander mit anderen Kindern kennen und erweitern ihre Kompetenzen in den Bereichen Emotionalität und Empathie. Durch eine spielerisch aufgebaute Förderung können zudem die Koordination sowie die Bewegungsfähigkeit verbessert sowie die sprachliche Entwicklung der Kinder gefordert und richtig gefördert werden. Um diese Kompetenzen zu erweitern, stellt der Morgenkreis als pädagogisches Instrument eine ideale Möglichkeit dar. Der Morgenkreis wird bereits seit vielen Jahren in der frühkindlichen Pädagogik genutzt, um einen gemeinsamen Start in den Tag zu symbolisieren. Er gibt Zeit für den gegenseitigen Austausch, zum gemeinsamen Singen und zum Spielen.

Auch wenn der Morgenkreis im ersten Moment recht simpel und fast schon belanglos wirkt, stellt dieses Ritual eine tolle Möglichkeit für eine vielfältige und pädagogisch-wertvolle Arbeit mit den Kindern dar. Der Morgenkreis ist vielseitig nutzbar, individuell planbar und kann darüber hinaus an aktuelle Situationen und Ereignisse angepasst werden. Im ‚sicheren' und geborgenen Rahmen des Morgenkreises fällt es vielen Kindern leichter, sich zu öffnen, sich selbst und auch die Mitmenschen wahrzunehmen und Kompetenzen in jedem Bereich zu erlernen. Schließlich heißt es nicht umsonst: Nur wer sich sicher fühlt, ist entspannt und bereit dafür, Neues zu lernen.

Rituale in der Pädagogik

DER BAUSTEIN FÜR ERFOLGREICHE ENTWICKLUNG

Rituale geben Struktur, Sicherheit und Halt, wie schon erwähnt: Nur wer sich sicher fühlt, kann sich entspannt auf neue Umstände und Entwicklungen einlassen und Neues erlernen. Insbesondere für die Pädagogik stellen Rituale daher einen bedeutsamen Baustein dar und finden in verschiedensten Formen Anwendung. Hierbei ist der Morgenkreis vor allem im Kindergartenalltag ein wertvolles und beliebtes Ritual, um die persönliche Entwicklung der Kinder zu unterstützen und zu fördern. Im Morgenkreis werden das soziale Miteinander trainiert, das Gemeinschaftsgefühl entwickelt und auch das eigene Selbstbewusstsein gestärkt. Darüber hinaus kann das Ritual des Morgenkreises von den Erziehern auch genutzt werden, um die sprachliche Entwicklung der Kinder zu fördern und die ästhetische Bildung zu formen. Des Weiteren stellt der Morgenkreis eine ideale Möglichkeit für eine gezielte Partizipation der Kinder dar und kann somit ganz individuell genutzt und geprägt werden.

RITUALE GEBEN SICHERHEIT

Rituale sind definitionsgemäß Handlungen, die nach vorgegebenen Regeln ablaufen und meist formelle oder feierliche Anlässe mit hohem Symbolgehalt begleiten. Rituale werden zudem oftmals von gewissen Wortformeln und festgelegten Gesten geprägt und können religiöser oder weltlicher Art sein. Rituale können jedoch auch einen alltäglichen Ursprung haben und somit eine Art stiller Alltagsbegleiter sein und ähnlich wie ‚Routinen' ablaufen. Diese Art von Ritual wird häufig gar nicht als solches wahrgenommen und prägt dennoch unsere alltäglichen Abläufe.

Rituale sind sowohl zu Hause als auch in sozialen Einrichtungen von großer Wichtigkeit und können den Alltag, die persönliche Entwicklung und das zwischenmenschliche Miteinander positiv beeinflussen und nachhaltig prägen.

Insbesondere für Kinder können bereits kleinste Rituale, wie beispielsweise die allabendliche Gute-Nacht-Geschichte oder der Abschiedskuss an der Kindergartentür, eine enorme Bedeutung haben. Diese wiederkehrenden Abläufe verleihen Halt und Stabilität, geben Familien Gemeinsamkeiten und können den Zusammenhalt innerhalb einer Gruppe nachhaltig stärken. Rituale geben Kindern Sicherheit und vermitteln zudem das Gefühl von Dazugehörigkeit sowie Geborgenheit. Darüber hinaus stellen sie eine Orientierungshilfe dar, die besonders Kindern als eine Art Wegweiser dient. Vor allem in neuen oder unbekannten Situationen, aber auch im Alltag stellen Rituale somit eine Stütze für Kinder dar, an denen sie sich festhalten können.

Festgelegte Rituale beim Zubettgehen, im Kindergarten oder im Schulalltag laufen immer nach den gleichen Prinzipien ab. Sie sind planbar, vorhersehbar und in ihrer Durchführung immer gleich, sodass die Kinder wissen, was wie und wann passiert. Auch in neuen oder besonders aufregenden Situationen kann das Durchführen von bekannten Ritualen dem Kind als Anhaltspunkt dienen, Sicherheit suggerieren und die fremde oder aufregende Situation entspannen.

Hierbei ist die Wahl bzw. der Aufwand der Rituale weniger wichtig als die

Durchführung selbst. Damit eine Handlung zum Ritual wird, muss sie konstant, wiederkehrend und ohne Hektik durchgeführt werden. Sie darf durch keinerlei Abweichungen abgewandelt oder von Ausnahmen unterbrochen werden. Sobald eine Handlung als Ritual gefestigt ist, kann sie den Kindern in verschiedensten Bereichen den erwähnten Halt und auch die Sicherheit geben und sowohl im familiären als auch in sozialen Bereichen wie im Kindergarten oder in der Schule übernommen und gewinnbringend eingesetzt werden.

EINÜBUNG VON ENTWICKLUNGSGRUNDLAGEN

Zwischen dem 4. und 7. Lebensjahr entwickeln Kinder ihre **grob- und feinmotorischen Fähigkeiten** weiter. Es fällt ihnen in der Regel leichter, ihren Körper richtig einzuschätzen, und sie beginnen teilweise damit, komplexe Bewegungsabläufe (wie beispielsweise beim Fahrradfahren oder Schwimmen) richtig zu erlernen und anzuwenden.

Doch auch die **kognitiven Fähigkeiten** werden stark weiterentwickelt. Besonders die Ausgliederung und Konsolidierung des Langzeitgedächtnisses sind für den Morgenkreis von Bedeutung. Hierbei zeigen verschiedene Forschungsansätze, dass sich das frühe Langzeitgedächtnis auf der Basis von sogenanntem ‚Handlungswissen' bildet. Das Handlungswissen bezeichnet das Wissen über bestimmte Handlungsabläufe, die wie eine Art Skript den Alltag des Kindes bestimmen. Das Handlungswissen umfasst demnach alltägliche Abläufe, wie das morgendliche Aufstehen, das Frühstücken oder den Mittagsschlaf, aber es beinhaltet auch Wissen über selten stattfindende Handlungen, wie zum Beispiel zu Geburtstagen oder den Weihnachtsfeiertagen. Diese Skripts helfen Kindern dabei, bestimmte Situationen in ihrer kausalen und zeitlichen Verknüpfung übersichtlich abzuspeichern und bei Bedarf abrufen zu können. Das konstante Abrufen von Handlungswissen hilft langfristig dabei, das Langzeitgedächtnis zu prägen und weiterzuentwickeln. Der Morgenkreis zählt somit bei konstanter und richtiger Durchführung zum **Handlungswissen** und kann den Kindern somit dabei helfen, ihr Langzeitgedächtnis zu entwickeln.

SOZIALES LERNEN

Unter ‚Sozialem Lernen' versteht man im Allgemeinen die Entwicklung von sozialen Kompetenzen. Hierbei unterscheidet man in drei Lernformen. Demnach können soziale Kompetenzen in alltäglichen Situationen und Begegnungen **ungeplant** und **unbewusst** weiterentwickelt werden. Bei der zweiten Lernform kann durch den Austausch mit Mitmenschen sowie mit Hilfe der Selbstreflexion auch eine **ungeplante**, aber **bewusste** Entwicklung stattfinden. Die dritte Methode fordert und fördert **geplant** und **bewusst** die sozialen Kompetenzen. Diese Art des sozialen Lernens findet gezielt in Kursen, Schulungen oder anderen Maßnahmen statt.

Als Orientierung des sozialen Lernens werden die Grund- und Menschenrechte genutzt. Hierdurch soll gezielt das Soziale als Solches gelernt und darüber hinaus auch die Art und Weise des Lernprozesses sozial geprägt werden.

Innerhalb des sozialen Lernprozesses werden folgende Kompetenzen gebildet und weiterentwickelt:

- das Selbstvertrauen und die Selbstwirksamkeit werden gestärkt und das Übernehmen von Verantwortung wird ermöglicht
- die Fähigkeit zum Umgang mit den eigenen Gefühlen
- die Fähigkeit zur Perspektivübernahme und daraus resultierenden Empathie
- die Fähigkeit zur Eigen- sowie Fremdwahrnehmung
- die Fähigkeit, Kommunikation betreiben zu können
- die Fähigkeit, bewusst Unterschiede wahrzunehmen und diese auch zu achten
- die Fähigkeit, kooperatives Verhalten zu erlernen und anwenden zu können
- die Fähigkeit, Konflikte konstruktiv zu bewältigen

Tipp: Insbesondere im Vorschul- sowie Schulbereich, aber auch im Bereich der Erwachsenenbildung gibt es eine Vielzahl an Fachliteratur, die verschiedene Lernformen und Entwicklungsansätze für jede Altersgruppe vorstellt und vertieft.

Beim Morgenkreis werden neben der Sprachförderung auch soziale Kompetenzen gefordert und gefördert, wie zum Beispiel die Stärkung des Selbstvertrauens durch das Sprechen vor der Gruppe sowie die Fähigkeit zum Umgang mit den eigenen Gefühlen während eigener oder fremder Erzählungen. Auch die Fähigkeit zur Eigen- sowie Fremdwahrnehmung sowie kooperatives Verhalten werden teils bewusst, teils unbewusst während des Morgenkreises geschult.

Im gemeinschaftlichen Austausch mit den Erziehern und anderen Kindern wird zudem vor allem das **Zuhören** als Kernkompetenz geprägt. Die Kinder lernen, aufmerksam zuzuhören, und zeitgleich trainieren sie die Fähigkeit, **abzuwarten**. Besonders dieses Abwarten, bis jemand zu Ende gesprochen oder etwas zu Ende erklärt hat, fällt vielen Kindern zu Beginn schwer und vermindert nicht nur die Konzentration an sich, sondern reduziert auch die Informationsaufnahme beim Zuhören. Der Morgenkreis trainiert insofern spielerisch zahlreiche Kernkompetenzen, die den Kindern sowohl im privaten als auch später im schulischen Bereich helfen können.

STRUKTUR

Ankündigung

Die Ankündigung des Morgenkreises sollte auf mehreren Ebenen gut geplant sein. Besonders wichtig ist hierbei die **Beständigkeit**. Die Ankündigung sollte täglich durchführbar sein und immer gleich ablaufen, da wechselnde Komponenten nur unnötige Unsicherheit und daraus resultierende Unruhe mit sich bringen. Darüber hinaus sollte auch der **Zeitpunkt** sinnvoll gewählt werden, um einen gemeinsamen und dennoch harmonischen Start in den Tag zu ermöglichen. Das impliziert, dass bereits alle Kinder im Kindergarten eingetroffen sind und in das freie Spiel gefunden haben. Die Kinder sollen also physisch und psychisch im Kindergarten angekommen sein, damit sie sich ohne innere Hektik und Aufregung auf das Ritual ‚Morgenkreis' einlassen können. Damit auch zwischen der Ankündigung und dem Einstieg keine unnötige Eile und Unruhe entstehen, ist die Wahl des **Ankündigungsmittels** ausschlaggebend. Viele Kinder empfinden es beispielsweise als unangenehm, wenn ein Erzieher den Morgenkreis durch reines Rufen ankündigt. Dies resultiert daraus, dass beim Rufen nicht nur eine weitere (sehr laute) Stimme zu der bisherigen Geräuschkulisse dazukommt, sondern vor allem auch, dass beim Verkünden durch einen Erzieher auch immer die persönliche Laune und das subjektive Empfinden im Unterton hörbar ist. So können die Kinder bereits am Tonfall des rufenden Erziehers hören, ob dieser in Eile ist, schlechte Laune hat oder eventuell sogar genervt von etwas ist. Ein geeignetes Ankündigungsmittel ist daher ein Instrument mit sanftem und dennoch lautem Ton wie zum Beispiel ein Gong, der Klang einer Triangel oder eine kleine Trommel. Das Geräusch vermittelt den Kindern ohne unterschwelligen Unterton die Botschaft, dass in Kürze der Morgenkreis beginnt. Dadurch können die Kinder selbstständig ihr freies Spiel unterbrechen oder abschließen und haben einen sanften Übergang in den Morgenkreis, ganz ohne Hektik oder Stress.

Um die Kinder noch mehr in dieses Ritual zu integrieren, besteht auch die Möglichkeit, dass die Kinder in einem geplanten Wechsel das ausgewählte Instrument nutzen und selbst den Morgenkreis ankündigen.

Einstieg

Dieser Teil ist für die Durchführung des Morgenkreises besonders wichtig. Die Schwierigkeit liegt darin, jedes Kind so abzuholen, dass es sich auf sich selbst, seine Mitmenschen und den Morgenkreis einlassen und fokussiert teilnehmen kann. Insbesondere Lieder und Fingerspiele eignen sich für einen sanften und gemeinsamen Einstieg in das Gruppenritual. Hierbei ist es von Vorteil, wenn diese Begrüßungslieder oder -spiele nicht täglich neu sind, sondern den Kindern vertraut sind. Das Kennen von Liedern und Spielen suggeriert den Kindern Sicherheit und Selbstvertrauen, was ihnen dabei hilft, sich der Gruppe zugehörig und innerhalb der Gemeinschaft geborgen zu fühlen. Idealerweise entwickelt sich mit der Zeit ein kleines Repertoire an Begrüßungsliedern, -reimen und -spielen, aus denen Sie dann (eventuell auch gemeinsam mit den Kindern) täglich das heutige Begrüßungsritual wählen können.

Hauptteil

Auch im Hauptteil sollten sich idealerweise gewisse Routinen und Abläufe wiederfinden, an denen sich die Kinder orientieren können. Anschließend besteht im Hauptteil die Möglichkeit, gemeinschaftlich ein bestimmtes Thema vorzustellen und zu erarbeiten. Projekte können erklärt oder Tagesangebote können vorgestellt werden. Hierbei können Sie entscheiden, ob Sie tagesaktuell den Ablauf erläutern möchten oder eventuell ein langfristiges Projekt, wie zum Beispiel eine Aktionswoche, erklären wollen. Nutzen Sie den Morgenkreis gezielt dafür, Aspekte zu thematisieren und anzusprechen, die die gesamte Gruppe betreffen und gemeinschaftlich bearbeitet werden können und sollen. Ein beliebter Start ist zum Beispiel das Stellen eines Kalenders. Hierbei gibt es ein täglich wechselndes Kalenderkind, das mit Hilfe von einem vorbereiteten Kalender den aktuellen Tag vorstellt. So werden Wochentag, Datum, Jahreszahl sowie Jahreszeit täglich vorgestellt und gemeinsam als „neuer Tag“ erlebt. Nach Belieben kann dieses „Kalender einstellen“ noch erweitert werden, indem beispielsweise der Monatsname gemeinschaftlich in Silben geklatscht wird, Anlaute bestimmt werden oder Ähnliches.

Schluss

Das Ende vom Morgenkreis sollte einen abschließenden Charakter haben und zeitgleich auf anschließende Programmpunkte vorbereiten. Sofern sich an den Morgenkreis kein fester Tagespunkt, zum Beispiel das gemeinsame Frühstück, anschließt, bietet es sich an, den Kindern den Übergang in das freie Spiel oder vorhandene Angebote zu erleichtern.

Hierfür kann beispielsweise jedes Kind der Reihe nachgefragt werden, welchen Plan es für die Zeit nach dem Morgenkreis hat bzw. was es gleich machen möchte. Dieses Abfragen hat zudem noch den Vorteil, dass die Kinder sich gezielt fragen, was sie persönlich machen möchten, und eigenständig eine Entscheidung treffen, die ihre eigenen Interessen widerspiegeln. Außerdem entsteht so für jedes Kind ein „Plan“, den es nach dem Morgenkreis verfolgen kann, was wiederum für eine erste Struktur und innere Ruhe bei den Kindern sorgt. Ob und wie lange das jeweilige Kind danach seinen eigenen Plan verfolgt, spielt hierbei eine untergeordnete Rolle. Um den Morgenkreis dann offiziell zu beenden, eignet sich ein Abschlussreim, -lied oder -spiel, der bzw. das entweder vorgegeben wird oder auch von den Kindern oder beispielsweise dem Tages-/Kalenderkind ausgesucht werden kann. Ähnlich wie beim Einstieg ist es auch beim Abschluss sinnvoll, nicht täglich wechselnde Abschlusslieder zu nutzen, sondern auch hier ein kleines Repertoire an Reimen, Liedern und Spielen aufzubauen, aus dem dann ausgewählt werden kann.

Nach dem Abschlussreim, -spiel oder -lied ist der Morgenkreis abgeschlossen, die Kinder räumen bei Bedarf ihre Stühle, Sitzkissen etc. wieder zurück und starten in die von ihnen ausgewählten Aktivitäten oder gegebenenfalls in das Frühstück oder einen anderen gemeinsamen Programmpunkt.

DYNAMIK

Damit der Morgenkreis keine monotone und langweilige Gruppensitzung wird, ist es wichtig, die Dynamik täglich neu und flexibel auf die Kinder und die derzeitige Stimmung und Atmosphäre anzupassen Hierfür gibt es verschiedene Aspekte, die dabei helfen, die Dynamik richtig zu verteilen und zu nutzen.

Das wichtigste Werkzeug für einen dynamischen Morgenkreis ist zunächst Ihr **roter Faden**. Das Thema des Rituals sollte klar durchdacht und gut geplant sein, damit keinerlei Lücken entstehen, die Unruhe bringen könnten. Um das Thema für die Kinder möglichst zugänglich zu gestalten, eignet sich in der Regel ein aktueller und alltagsnaher Bezug. Hierfür kann man den Hauptteil im Morgenkreis zum Beispiel mit der Frage „Wisst ihr, was ich heute Morgen gesehen habe?“ eröffnen und an das Thema anknüpfen. So können Sie beispielsweise die ersten blühenden Blumen auf dem Weg in den Kindergarten entdeckt haben und sich passend zu diesem Ereignis dem Thema Frühling widmen. Der rote Faden hilft Ihnen dann dabei, ein Thema sinnvoll strukturiert vorzustellen, und ermöglicht es den Kindern, Ihre Gedankengänge nachzuvollziehen.

Grundsätzlich ist es dabei von Vorteil, innerhalb des Themas im Hauptteil einen ausgeglichenen Wechsel von **Anspannung und Entspannung** einzuplanen. Hierbei sollten Sie bereits im Vorfeld die Verteilung von aktiven und passiven Aktivitäten gleichmäßig verteilt einbauen, sodass sich die Kinder gleichermaßen körperlich bewegen können und davor bzw. danach konzentriert zuhören und mitarbeiten können. Falls Sie während des Morgenkreises bemerken sollten, dass ein Wechsel zwischen Anspannung und Entspannung sinnvoll wäre, können Sie jedoch auch ganz spontan die Dynamik verändern.

Bemerken Sie zum Beispiel, dass die Kinder beim Vorlesen sehr aufgeregt und energiegeladen sind, kann es vorteilhaft sein, das Vorlesen zu unterbrechen und eine Aktivität einzuschieben, bei der die Kinder sich körperlich aktiv bewegen können. Anschließend sind die Kinder vermutlich ausgelastet und ausgeglichener und Sie können bei Bedarf einen erneuten Anlauf mit dem Vorlesen machen. Ein weiterer Aspekt, mit der sich die Dynamik im Morgenkreis ganz einfach variieren lässt, ist die **Anschaulichkeit**. Insbesondere in Gruppen, in denen viele jüngere Kinder sind, ist es ratsam, vermehrt mit Materialien zu arbeiten, die den Ablauf oder das derzeitige Thema veranschaulichen. Die Regeln des Morgenkreises können so zum Beispiel anhand von Bildern veranschaulicht werden und das neue Frühlingslied lässt sich am einfachsten unter Verwendung von einigen Naturmaterialien einführen.

Ein weiterer Faktor, der ganz schnell und einfach die Dynamik beeinflussen kann, liegt in der Verwendung Ihrer eigenen Stimme. Hierbei sollten Sie sich bewusst machen, dass Ihre **Stimme** in Höhe, Tiefe und Lautstärke die Atmosphäre maßgeblich verändern und somit auch die Aufmerksamkeit der Kinder beeinflussen kann. Eine leise, geflüsterte, geheime Information kann die Neugier wecken, eine laut gebrüllte Liedzeile kann Freude und Euphorie hervorrufen. Nutzen Sie gezielt diese Möglichkeit, um bei Bedarf eine Abwechslung zu erzeugen und die Aufmerksamkeit der Gruppe zu erlangen und zu halten.

Passend dazu können Sie auch die **Stille** als methodisches Element einbauen und nutzen. Aus der Stille entwickelt sich die Aufmerksamkeit, die Neugier und somit eine Art Fokus auf das, was kommt. So können Sie die Stille zum Beispiel als festes Ritualelement zu Beginn eines jeden Morgenkreises einführen, beispielsweise mit Hilfe einer Sanduhr, die Sie in die Mitte des Kreises stellen. Während der Sand nach unten läuft, haben die Kinder dann die Möglichkeit, die Ruhe bewusst wahrzunehmen, zu genießen und selbst zur Ruhe zu kommen.

Oder Sie nutzen die Stille situationsbedingt und anlassbezogen, um während des Hauptteils im Morgenkreis kleine, ruhige Momente zu erzeugen, in denen die Kinder sich fokussieren können. Hierfür gibt es verschiedene Lieder oder Fingerspiele, die mit einer Stille enden, oder auch Spiele, die eine geplante Stille beinhalten.

DEN TAG GEMEINSAM PLANEN

Innerhalb des Morgenkreises haben Sie die Möglichkeit, die Kinder gemeinschaftlich anzusprechen und Themen gemeinsam zu besprechen und zu planen. Auch die jeweils aktuelle Tagesplanung können Sie im Morgenkreis vorstellen oder gegebenenfalls zusammen mit den Kindern erarbeiten. Dabei ist es vorteilhaft, den Ablauf mit Hilfe von verschiedenen Hilfsmitteln zu visualisieren, um den Kindern die Struktur zugänglicher zu machen. Hierfür können Sie verschiedene Materialien, wie Bilder, Fotos, Grafiken, Gegenstände oder Objekte, aus der Natur verwenden, um bestimmte Abläufe, Angebote oder beispielsweise Bastelanleitungen zu veranschaulichen.

Tagesablauf	
	Begrüßung
	Freispiel
	Gemeinsames Frühstück
	gemeinsamer Tanz
	angeleitetes Spiel
	Mittagessen
	Mittagsschlaf

	Singen
	Spiel im Freien
	Abschied

ZEITLICHER UMFANG

Damit der Morgenkreis reibungslos funktioniert, ist auch die Länge des Rituals wichtig. Hierbei sollten Sie den zeitlichen Umfang des Morgenkreises an die Gruppe anpassen. Insbesondere, wenn in der Gruppe viele neue Kinder sind, die mit dem Ritual des Morgenkreises noch nicht so vertraut sind, ist es sinnvoll, den Morgenkreis zunächst kürzer zu halten und erst nach einiger Zeit das Ritual minutenweise zu verlängern.

Auch die Gruppengröße spielt eine Rolle. Große Gruppen sind anfälliger für Unruhe und Störungen und neigen aufgrund dessen dazu, bereits nach wenigen Minuten den Fokus zu verlieren und unkonzentriert zu werden. Falls sich große Gruppen innerhalb des Morgenkreises nicht vermeiden lassen, sollten Sie dies also in Ihrer inhaltlichen Planung als auch in der Zeitplanung berücksichtigen und den Morgenkreis notfalls etwas kürzer planen.

Darüber hinaus ist zudem auch das Alter ausschlaggebend dafür, wie lange die Kinder konzentriert und aufmerksam am Morgenkreis teilnehmen können. So können sich Kinder zwischen 3 und 5 Jahren in der Regel fünf bis sieben

Minuten am Stück konzentrieren, während ältere Kindergartenkinder zwischen 5 und 6 Jahren es bereits schaffen, sich für eine Zeitspanne von ca. 15 Minuten fokussiert auf eine Aktivität zu konzentrieren. Der zeitliche Umfang sollte somit auch individuell auf das Alter der Kinder angepasst und in Ihrer Planung berücksichtigt werden. Beachten Sie also in Ihrer Planung, dass Sie vor und nach einer fokussierten Arbeitsphase die Dynamik der vorangehenden oder anschließenden Aktivitäten ändern.

4 bunte Jahreszeiten

MORGENKREISIDEEN IM EINKLANG MIT DER NATUR

Der Morgenkreis kann viele verschiedene Themen behandeln und inhaltlich an aktuelle Ereignisse oder Anlässe angepasst werden. Insbesondere die Natur und das damit verbundene Einbringen und Kennenlernen der vier Jahreszeiten sind ein beliebtes Thema und gelten als besonders wichtig für die kindliche Entwicklungsphase.

Im Ritual des Morgenkreises können die Kinder vollkommen ungezwungen und frei von Vorurteilen und Grenzen ganz spielerisch verschiedene Faktoren aus der Natur kennenlernen. Dabei erlangen die Kinder quasi ganz nebenbei einen bewussten Umgang mit der Natur und deren Ressourcen.

Aus pädagogischer Sicht ist es also von Vorteil, die Natur und den Wandel der Jahreszeiten auch im Kindergarten zu thematisieren. Dies kann einführend bereits im Morgenkreis geschehen. Hierbei können Lieder, Kreis- und Bewegungsspiele sowie geplante Angebote jeweils passend an die entsprechende Jahreszeit angeboten werden. Idealerweise können Sie den Morgenkreis zeitweise auch nach draußen in die freie Natur verlegen.

Hier können die Kinder selbst auf Entdeckungsreise gehen und die Natur selbstständig mit ihren eigenen Sinnen wahrnehmen und spielerisch entdecken. Der Aufenthalt und die Verbundenheit zur Natur schenken vielen Kindern, die in einer ohnehin schnelllebigen und hektischen Zeit aufwachsen, häufig Kraft und Ruhe für einen ausgeglichenen und harmonischen Alltag und ermöglichen einen großen Lern- und Entwicklungsspielraum. Doch nicht nur der Besuch in die Natur, sondern auch die Integration der Natur in den Kindergarten kann Verbundenheit zur Umwelt schaffen. Hierfür eignen sich beispielsweise gemeinsame Aktivitäten, wie Bastel- oder Backaktionen, oder das Feiern von bestimmten Festtagen oder anderen Anlässen, wie zum Beispiel des Frühlingsanfangs. Auch ein ‚Jahreszeitenplatz' ist eine tolle Methode, um die aktuellen Jahreszeiten zu feiern und die Kinder aktiv zu integrieren. Durch das aktive Mitgestalten werden das Interesse und die Neugier der Kinder zusätzlich gefördert und die Verbundenheit zur Natur und den Jahreszeiten wird intensiviert.

Für einen Jahreszeitenplatz können Sie einfach einen kleinen Tisch an einem geeigneten Ort im Gruppenraum platzieren und ihn gemeinschaftlich entsprechend der Jahreszeit dekorieren. Dabei können die Kinder die Dekoration durch selbst gefundene Schätze, wie Steine, Blätter und Blüten, sowie selbstgemachte Basteleien schmücken und erweitern.

Warum der Bezug zur Natur entwicklungsfördernd ist

Doch warum ist ein Bezug zur Natur eigentlich so wichtig? Wir Menschen sind ein Teil der Natur. Wir leben in und mit der Natur und gerade für Kinder ist es wichtig, dies zu lernen und zu schätzen. Dabei ist es von besonderer Relevanz, nicht nur von, sondern auch in der Natur zu lernen. Kinder fühlen sich draußen meist richtig wohl, sodass auch ein Morgenkreis außerhalb der Kindergartenräume einen hohen Mehrwert bieten kann. Beim Spiel in der Natur sind die Kinder oftmals freier, ungezwungen und können in der Regel ihre Fantasie und Kreativität ohne viel Anleitung ausleben.

Die Regel besagt: Je mehr Sinne beim Lernprozess involviert werden, umso besser kann ein Kind sich diese neuen Erkenntnisse einprägen. Dies trifft beim Lernen mit Naturmaterialien perfekt zu. Statt nur Fotografien von Blättern zu zeigen, können beispielsweise echte Blätter als Lernmaterial eingesetzt werden. Beim Entdecken und Erforschen werden dann ganz automatisch verschiedene

Sinne der Kinder angeregt und gefördert. Darüber hinaus kann ein frühkindlicher, persönlicher und direkter Kontakt zur Natur eine tiefe Verbundenheit zur eigenen Umwelt erschaffen. Diese Verbundenheit ist elementar für ein positives Grundvertrauen in das gesamte Leben und kann darüber hinaus den Wunsch wecken, die Natur und damit auch die Erde zu schützen und als Erwachsener allgemein nachhaltig und umweltbewusst leben zu wollen.

FARBEN, FORMEN & GERÜCHE: DIE NATUR MIT ALLEN SINNEN ERLEBEN

Kinder lernen am besten mit allen Sinnen. Dies ist vor allem beim Einsatz von Naturmaterialien vielfältig umsetzbar.

Statt nur Bilder von Blumen zu zeigen, können beispielsweise echte Blumen genutzt werden. Während die Kinder die Blumen entdecken, werden dann ganz von allein die verschiedenen Sinne geschult. Sie nehmen zum Beispiel den leicht süßen, blumigen, frischen Geruch der Blüten wahr, ertasten mit ihren Fingern die Blattoberfläche und fühlen die verschiedenen Knospen. Die Kinder sehen die unterschiedlichen Farbtöne und können die Blütenblattformen durch Knicken und Zerreißen beeinflussen und verändern.

Die Verbundenheit zur Natur sowie zu natürlichen Materialien kann zudem die Motorik schulen und die Haptik fördern. Natürliche Materialien wie Sand, Erde, Holz, Pflanzen und Steine können gezielt in Aktionen im Morgenkreis verwendet werden und das Wissen darüber schulen sowie die Sinne der Kinder prägen. Hierbei kann vor allem das Entdecken und Erforschen mit allen Sinnen trainiert werden. Die Kinder entdecken so etwas Neues, indem sie es mit allen Sinnen erleben, und können es somit langfristig als erlerntes Wissen abspeichern.

ALLES IST IM FLUSS: WANDEL DER JAHRESZEITEN

Der Bezug zu den vier Jahreszeiten ist darüber hinaus auch ein Bezug zum Alltag der Kinder, weshalb deren bewusstes Erleben besonders wichtig ist. Die Reihenfolge von Frühling, Sommer, Herbst und Winter ist immer gleich. Jede Jahreszeit hat ihre eigene, gleichbleibende Charakteristik und Merkmale. All das bleibt Jahr für Jahr gleich und ändert sich nicht. Dieser verlässliche Rhythmus bietet den Kindern, ähnlich wie ein Ritual, Orientierung, Struktur und Halt, wodurch der Jahreskreislauf einen hohen pädagogischen Wert hat.

Für Menschen, die in Mitteleuropa leben, sind die vier Jahreszeiten besonders intensiv erkennbar. Hierdurch ergeben sich für die Kinder ganz automatisch verschiedenste aktuelle Geschehnisse und Erlebnisse, auf deren Basis sie sich diverse Fragen zu ihrer Umwelt stellen, wie beispielsweise: Warum blühen im Frühling die Blumen? Wo fliegen die Vögel im Herbst hin? Warum schneit es nur im Winter? All das sind Fragen, die man aufgreifen und im Morgenkreis auf verschiedenste Weisen erarbeiten kann.

Diese Erlebnisse und die daraus resultierende Neugier sind Zeichen dafür, dass die Kinder ganz bewusst die Natur und die Jahreszeiten wahrnehmen und kennenlernen. Dieses bewusste Kennenlernen hat dann wiederum zur Folge, dass der Jahreswandel eine Bedeutung für die Kinder bekommt und sie sich aktiv mit ihrer Heimat und der Umgebung, in der sie aufwachsen, sowohl auseinandersetzen als auch identifizieren. Die Kinder erhalten durch dieses bewusste Kennenlernen eine Art Zugehörigkeitsgefühl sowie mehr (Selbst-) Sicherheit und fühlen sich dadurch mit ihrer Umwelt verbunden.

40 kreative Ideen zum Thema „Jahreszeiten im Morgenkreis“

Auf den folgenden Seiten finden Sie für jede Jahreszeit 10 kreative und abwechslungsreiche Gestaltungsideen für Ihren Morgenkreis. Jede Idee hat ihr eigenes Thema und ist in sich so konzipiert, dass ein geeigneter Wechsel von fokussiertem Arbeiten und freiem Spiel stattfinden kann. Sollten Sie einzelne Ideen abwandeln oder miteinander kombinieren wollen, dann achten Sie darauf, dass Sie eine abwechslungsreiche Dynamik beibehalten, um das sichere Durchführen des Morgenkreises weiterhin gewährleisten zu können.

Frühling

DIE NATUR ERWACHT

Dauer: 20 bis 25 Minuten

Teilnehmeranzahl: bis 25 Kinder

Ort: im Kindergarten-Garten (ersatzweise im Park/Wald)

Material: Seifenblasen

Ziele: Bewusstes Wahrnehmen, Bewegung-Lern-Verbindung, Motivation zur Kommunikation

Inhalt: Lied, Bewegungsangebot, Abschlussspiel

Hinführungsphase: Lied „Groß ist die Sonne“

Groß ist die Sonne *(mit beiden Armen eine große Sonne formen)*
hell und warm ihr Schein *(mit den Händen sanft über die eigenen Arme streichen)*
Niemand möchte ohne die Sonne sein.
Eine dicke Wolke hat sie zugedeckt *(mit den Händen das Gesicht abdecken)*
doch dann ruft sie: *(die Finger spreizen, sodass man durch die vorgehaltenen Hände blinzeln kann)* „Ha, da bin ich! *(die Hände vor dem Gesicht wegziehen)*
Ich hab mich nur versteckt!“

Durchführungsphase: Bewegungsangebot „Wir wecken die Bäume & Pflanzen“

Nach der langen und dunklen Winterzeit kommt nun langsam der Frühling und bringt die ersten Sonnenstrahlen mit. Man kann die Vögel zwitschern hören und sieht die ersten Bienchen fliegen. Die Sonne wird stärker und wenn man die Augen schließt, kann man die Sonnenstrahlen schon intensiv auf der Haut spüren. Damit die Natur auch so richtig erwachen kann, können Sie mit den Kindern im Garten auf Entdeckungsreise gehen und nach Frühlings-Hinweisen suchen. Während der Suche können die Kinder nun die Bäume und Pflanzen ‚wecken‘. Hierbei bewegen sich die Kinder frei im Garten, umarmen und streicheln die Bäume und rütteln sanft an Zweigen und Hecken. Beim Wecken der Pflanzen können die Kinder vielleicht schon die ersten Knospen entdecken und diese ebenfalls vorsichtig aufwecken. Erläutern Sie dabei, dass diese Knospen nun bald aufstehen bzw. aufbrechen werden und sich Blätter und Blüten entfalten.

Abschlussphase: Seifenblasen

Zum Abschluss können die Kinder dann wieder einen Kreis bilden, in dessen Mitte Sie eine Flasche Seifenblasen stellen. Beginnen Sie selbst damit, dass Sie einen von Ihnen entdeckten Frühlingshinweis oder eine geweckte Pflanze nennen und anschließend einige Seifenblasen pusten. Die Kinder können sich nun der Reihe nach ebenfalls mitteilen und anschließend Seifenblasen pusten, wobei das vorige Kind immer das nächste Kind bestimmen darf.

DIE FLEISSIGEN BIENEN

Dauer: 15 bis 20 Minuten

Teilnehmeranzahl: bis 20 Kinder

Ort: im Turnraum oder Garten

Material: Bilder

Ziele: Motivation zur Kommunikation, Bewegung-Lern-Verbindung, Reaktionsvermögen, Körpergefühl, Motorik

Inhalt: Bewegungsspiel, Fingerspiel

Hinführungsphase: Bilder vorstellen und Bewegungen erarbeiten

Im Frühling erwacht die Natur: Die Blumen strecken ihre Köpfe aus der Erde und die Bäume bilden Knospen. Doch auch die Tiere werden im Frühling wieder aktiv: Die Vögel kommen aus dem Süden zurück, die Bienen suchen den ersten Nektar und auch die Hasen und Rehe werden munter. Bei dem nachfolgenden Bewegungsspiel „Der Frühling in Bewegung“ animieren Sie die Kinder dazu, genauso aktiv zu werden wie die Pflanzen und Tiere, um selbst in Bewegung zu kommen. Hierfür stellen Sie nun zuerst mit Hilfe von vorbereiteten Bildern einige Tiere vor.

Gut geeignet sind dafür zum Beispiel Bilder von Bienen, Käfern, Vögeln, Fröschen und Hasen. Auch ein Bild von Schnee oder Blumen sowie Bäumen eignet sich als späteres Signal für das Spiel. Erarbeiten Sie nun gemeinsam mit den Kindern, was die Pflanzen/Tiere im Frühling wohl für Bewegungen machen könnten. So kann die Biene vielleicht tanzen, der Vogel mit den Flügeln schlagen, der Schnee zu einer Pfütze auf dem Boden schmelzen und der Baum seine Äste in die Luft recken. Fragen Sie zum Schluss noch einmal alle Bewegungen ab, indem Sie die Bilder hochhalten und die Kinder die entsprechende Bewegung machen. Die Abbildung mit den Blumen steht dabei allgemein für den Frühling. Da sich die Kinder über den Frühling freuen, verknüpfen Sie die Blumen damit, dass sie laut „Hurra“ rufen.

Durchführungsphase: Bewegungsspiel „Der Frühling in Bewegung“

Beim Bewegungsspiel können Sie nun eine geeignete Musik laufen lassen, bei der sich die Kinder frei im Raum bewegen. Halten Sie von Zeit zu Zeit ein Bild in die Höhe und sagen Sie zusätzlich laut, was auf der Abbildung zu sehen ist. Jetzt machen alle Kinder die vorher besprochene Bewegung. Dieses Spiel können Sie beliebig in der Länge variieren und an die Gruppendynamik anpassen.

Abschlussphase: Fingerspiel „Die tanzende Biene“

Nachdem Sie das Bewegungsspiel beendet haben und der Frühling in Bewegung gekommen ist, können Sie sich auf die tanzenden Bienen beziehen und so zum Abschluss überleiten.

Zu Beginn formen Sie mit den Händen ein Dach und lassen dann die Hände flattern. Ab „sie fliegt zum kleinen Veilchen“ strecken Sie beginnend mit dem Daumen nacheinander alle Finger aus. Der kleine Finger kommt beim Satz „Nun brummt sie zum Schluss ...“ dran. Beim letzten Satz wieder ein Häuschen formen.

Die Biene kommt tanzend aus ihrem Haus, *[mit den Händen ein Dach über dem Kopf formen]*
fliegt in die Frühlingsluft hinaus. *[eine Hand auf und ab fliegen lassen]*
Sie fliegt zum lila Veilchen, wartet dort ein Weilchen. *[den Daumen ausstrecken]*
Dann steckt sie ihr Gesicht, in das Vergissmeinnicht. *[den Zeigefinger ausstrecken]*
Jetzt fliegt sie zum Narzissenbeet, *[den Mittelfinger ausstrecken]*
dann dorthin, wo die Tulpe steht. *[den Ringfinger ausstrecken]*
Nun brummt sie zum Schluss zum dunkelblauen Krokus. *[den kleinen Finger ausstrecken]*
Sie fliegt zurück ins Bienenhaus *[mit den Händen ein Dach über dem Kopf formen]*
zu einem leckeren Honigschmaus. *[die Lippen ablecken und den Bauch reiben]*

Nach dem Fingerspiel können Sie den Morgenkreis offiziell beenden.

WIR SIND VÖGEL

Dauer: 20 Minuten

Teilnehmeranzahl: bis 20 Kinder

Ort: im Garten/Wald/Park

Material: 20 bis 40 gekringelte Pfeifenputzer, ein langes farbiges Seil, (falls vorhanden) ein altes Vogelnest

Ziele: Kreativität, soziales Miteinander, Bewegung-Lern-Verbindung, Feinmotorik, Reaktionsvermögen, Achtsamkeit, Auge-Hand-Koordination und Zählen

Inhalt: Bewegungsspiel im Team, Lied

Hinführungsphase: Einleitung zum Thema Vögel

Im Frühling beginnen auch die Tiere, sich zu verlieben, und starten mit der Paarung. Besonders gut zu beobachten ist dies bei unseren einheimischen Vögeln. Man sieht Amseln, Elstern und Drosseln oft paarweise miteinander fliegen und kann zuschauen, wie sie umeinander herumhopsen. Vielleicht konnte auch schon das eine oder andere Kind beobachten, wie ein Vogel Material in Form von kleinen Stöcken, Gräsern oder Tierhaaren im Schnabel hat. Aus diesem Material bauen sich die Vogelpaare nun ein Nest, in dem sie ihre Eier ablegen und ausbrüten sowie die geschlüpften Jungen großziehen. Wenn Sie zufällig ein altes Vogelnest im Garten haben, können Sie dies auch den Kindern zeigen und gemeinsam Ideen sammeln, woraus die Vögel dieses Nest gebaut haben oder was sich noch als Nistmaterial eignen könnte.

Durchführungsphase: Bewegungsspiel im Team „Hungrige Spatzen"

Bei diesem Bewegungsspiel begrenzen Sie vorher die Spielfläche mit einem langen, farbigen Seil. Nur in diesem Bereich wird anschließend gespielt. Danach können sich die Kinder einen Partner suchen oder Sie teilen die Kinder paarweise in Teams ein. Jedes Team geht nun auf die Suche nach geeignetem Nistmaterial und baut sich an einer beliebigen Stelle am äußeren Seilrand ein kleines Nest. Sobald alle Paare ihre Nester fertig gebaut haben, erklären Sie die Regeln: Die Kinder sind Spatzen-Paare, die auf der Suche nach Futter für ihre Jungen sind. Ziel der Futtersuche sind also kleine, bunte Raupen – denn das ist das Lieblingsessen kleiner Spatzen. Diese Raupen müssen die Spatzenpaare nun innerhalb des eingeteilten Spielfelds suchen. Pro Flug darf ein Spatz immer nur eine gefundene Raupe in sein Nest transportieren. Doch Achtung: Wenn beide Spatzen eines Nests ausgeflogen sind, haben die anderen Spatzen die Möglichkeit, in deren Nest auf Räuberzug zu gehen und Raupen zu stibitzen (auch hierbei gilt: nur eine Raupe pro Flug). Wenn alle Raupen gefunden sind, ist das Spiel zu Ende. Wenn Sie möchten, können Sie die Kinder ihre Raupen zählen lassen und so das Gewinner-Team küren. Wenn alle Kinder die Regeln verstanden haben, drehen sich die Kinder nun mit dem Rücken zum Spielfeld und zählen gemeinsam laut bis 30. In dieser Zeit verstecken Sie die gekringelten Pfeifenputzer alias „die Raupen“ innerhalb des abgeteilten Spielfeldes. Sobald die Kinder fertig gezählt haben, können die Spatzen losfliegen und die Futtersuche beginnt.

Abschlussphase: Lied „Die Vogelhochzeit“

Ein Vogel wollte Hochzeit machen
Ein Vogel wollte Hochzeit machen,
Kennt ihr die Geschichte
Fidiralala ... Fidiralala ...
Fidiralalalala
Dann sing doch mit und hört euch an,
Wovon ich nun berichte
Fidiralala ... Fidiralala ...
Fidiralalalala
Ob groß, ob klein, auf dieser Welt,
ist niemand gern allein
Fidiralala ... Fidiralala ...
Fidiralalalala
Was macht ein Vogel, der allein ist,
Wisst ihr was ich meine
Fidiralala ... Fidiralala ...
Fidiralalalala
Er sucht sich einen Platz im Baum,
und singt die schönsten Lieder
Fidiralala ... Fidiralala ...
Fidiralalalala
Und wenn er Glück hat, setzt sich bald
Ein Weibchen zu ihm nieder
Fidiralala ... Fidiralala ...
Fidiralalalala

Nach dem Lied können Sie den Morgenkreis offiziell beenden.

WILDE WIESE

Dauer: 20 Minuten

Teilnehmeranzahl: bis 25 Kinder

Ort: im Garten/Wald/Park

Material: mit Teppichklebeband beklebter Tonkarton (DIN A4), Stifte, Vaseline

(Sie können diesen Morgenkreis auch im Gruppenraum durchführen. In diesem Fall müssen Sie die Blüten, Blätter und Pflanzen vorab selbst sammeln und den Kindern dann zur Verfügung stellen.)

Ziele: aktives Zuhören, soziales Miteinander, Kreativität, Feinmotorik, Achtsamkeit, Auge-Hand-Koordination

Inhalt: Märchen, Bastelangebot, Kreativspiel

Hinführungsphase: Erzählung ‚Schmetterlingswiese'

REQUISITEN:

- ✓ zwei Schmetterlinge aus Papier, Holz, Plüsch etc. (als Protagonisten)
- ✓ ein grüner Teppich (als Untergrund für die Blumenwiese)
- ✓ Konfetti oder bunte Papierschnipsel (als bunte Blumen auf den Teppich streuen)
- ✓ je eine lila, blaue und rote Blume (als Landeplatz für den Schmetterling)

ERZÄHLUNG: BUNTER SCHMETTERLING

https://bit.ly/3QQkBV3
Link oder QR-Code
zum Audio-Guide

(Zunächst den grünen Stoff ausbreiten und das Konfetti bzw. die Schnipsel darüberstreuen, sodass eine bunte Blumenwiese entsteht. Danach die lila Blume beliebig auf der Wiese platzieren.) Es weht ein warmer Frühlingswind über eine große, bunte Blumenwiese. Die Sonne wärmt die Erde auf und der seichte Wind pustet sanft über die vielen bunten Blumen, bringt die Blütenköpfchen zum Schwanken und lässt die grünen Blätter wackeln *(vorsichtig über den Stoff pusten, so*

dass sich die Schnipsel etwas bewegen). Von einer großen lila Blüte aus erhebt sich ein kleiner weißer Schmetterling in die Lüfte *(den weißen Schmetterling auf die lila Blume setzen und von dort aus hochheben und über die Wiese fliegen lassen*). Munter flattert er mit den Flügeln und fliegt zur nächsten Blume *(die blaue Blume an einer beliebigen Stelle auf der Wiese platzieren und den Schmetterling daraufsetzen).* Die Blume hat dunkelblaue, große und dicke Blütenblätter und in der Mitte einen sonnengelben Blütenstempel. Der Schmetterling rollt seinen Saugrüssel aus und schlürft genüsslich etwas süßen Nektar. Plötzlich sieht er etwas weiter eine große, leuchtend rote Blume in der Sonne glänzen *(die rote Blume ebenfalls an einer beliebigen Stelle auf den grünen Stoff legen*). *„Die schmeckt bestimmt köstlich"*, denkt sich der Schmetterling, flattert mit den Flügeln und macht sich sofort auf den Weg zu den roten Blütenblättern. Doch als der Schmetterling zur Landung ansetzt, bemerkt er, dass nicht nur er die rote Blume entdeckt hat *(währenddessen den zweiten Schmetterling hochheben und zu der roten Blume fliegen lassen),* sondern zeitgleich mit ihm noch ein anderer Schmetterling auf der Blüte gelandet ist *(beide Schmetterlinge gleichzeitig auf der roten Blume absetzen).* Der fremde Schmetterling schaute zu dem kleinen weißen Schmetterling herüber. Der kleine weiße Schmetterling linste vorsichtig zum fremden Schmetterling. Sollte er hinübergehen? In seinem Bauch kribbelte es plötzlich wie wild ...

Durchführungsphase: Wiesenbilder machen

Lassen Sie die Kinder nach dem Märchen auf Entdeckungsreise gehen. Hierbei dürfen die Kinder Gräser, Pflanzen, Blumen und Blüten, die ihnen gut gefallen, vorsichtig abpflücken und sammeln. Erklären Sie am besten vorab, dass die Kinder vorerst nur ein paar Pflanzen sammeln dürfen und bei Bedarf nochmals auf die Suche gehen können. Hierdurch lernen Sie einen bewussten Umgang mit der Natur. Die gesammelten Frühlingsschätze nehmen die Kinder nun mit an ihren Platz. Anschließend verteilen Sie die vorbereiteten Tonkartons. Die Kinder können nun selbst die Folie des Teppichklebebands abziehen und anschließend ihre Pflanzen, Blätter und Blüten auf die klebende Oberfläche drücken. So entstehen bunte, ganz individuelle und unterschiedliche Frühlingsbilder. Falls Sie die Möglichkeit haben, können Sie die Bilder nun an einer langen Leine aufhängen und so eine kleine Ausstellung machen. Falls die Künstler möchten, können Sie zusätzlich noch ein paar Worte zu ihren Kunstwerken sagen.

Abschlussphase: Blüten-Tattoos

Für das Abschlussspiel können Sie idealerweise noch übrig gebliebene Blüten und Blumen verwenden oder Sie schicken die Kinder noch einmal auf die Suche. Perfekt geeignet sind Blumen mit kleinen Blütenköpfen, wie beispielsweise Gänseblümchen. Jetzt können die Kinder sich selbst (oder sich gegenseitig im Team) die Blüten auf die Arme oder in das Gesicht kleben. Als „Kleber" wird hierbei die Vaseline genutzt. So entstehen tolle Blüten-Tattoos, mit denen die Kinder selbst ein Teil des Frühlings werden. Nach dem Abschlussspiel können Sie den Morgenkreis offiziell beenden.

KRÄUTERKUNDE

Dauer: 35 Minuten

Teilnehmeranzahl: bis 10 Kinder

Ort: im Garten/Wald/Park und in der Küche

Material: Fotos von Kräutern, Küchenutensilien (Topf, Löffel etc.), etwas zum Augen verbinden

(Sie können diesen Morgenkreis auch im Gruppenraum durchführen. In diesem Fall müssen Sie die Kräuter vorab selbst sammeln und sie den Kindern dann zur Verfügung stellen.)

Ziele: Kräuterkunde, soziales Miteinander, Körperkontakt und Nähe zulassen, Bewegung-Lern-Verbindung, Achtsamkeit, Auge-Hand-Koordination

Inhalt: Bewegungsspiel im Team, Lied

Hinführungsphase: Kräuter kennenlernen

Ab März kann man bereits die ersten Wildkräuter finden. Doch welche grünen Pflanzen kann man essen und welche sind ungenießbar? Fragen Sie die Kinder, welche Kräuter sie vielleicht schon selbst einmal gesammelt und probiert haben. Anschließend können Sie gemeinsam Fotos von einheimischen Wildkräutern betrachten, wie beispielsweise Löwenzahn, Gänseblümchen, Giersch, Brennnesseln, Vogelmiere, Spitzwegerich und Bärlauch.

Durchführungsphase: Frühlingssuppe kochen

Gehen Sie mit den Kindern in den Garten, den Wald oder auf eine Wiese. Lassen Sie die Kinder nun nach den eben vorgestellten Kräutern suchen und pflücken Sie einige davon. Sie können hierbei alle Kinder gemeinschaftlich suchen lassen oder Sie lassen die Kinder Teams oder kleine Gruppen bilden und verteilen mit Hilfe der Fotos Suchaufträge für die einzelnen Kräuter. Besprechen Sie am besten vorher, wie viel der Pflanzen gepflückt werden darf, damit die Kinder nicht im Übermaß Kräuter sammeln. So lernen sie, wertschätzend und umsichtig mit der Natur umzugehen. Wenn die Kinder ausreichend Kräuter gesammelt haben, gehen Sie gemeinsam in die Küche. Die Kinder können die Wildkräuter nun kalt abspülen, trocken tupfen und mit Hilfe von Scheren oder Messern kleinschneiden (kleinere Kinder können die Kräuter auch zerreißen). In der Zwischenzeit können Sie das Öl in einen Topf geben und erhitzen. Schälen Sie währenddessen die Zwiebeln und hacken Sie diese in feine Stücke. Im Anschluss dünsten Sie die Zwiebelstückchen kurz in dem heißen Öl an und löschen es dann mit der Gemüsebrühe ab. Lassen Sie die Kinder die Kräuter hinzugeben und einrühren. Nun muss die Suppe für ca. 15 Minuten sanft köcheln. Zum Abschluss können Sie die Suppe mit etwas Salz und einem Schuss Sahne abschmecken und dann gemeinsam mit den Kindern essen. Falls Sie keine Küche nutzen können oder Zeit sparen möchten, können Sie die Suppe auch bereits vorkochen und nach der Eröffnungsphase direkt gemeinsam essen.

Abschlussphase: Spiel „Mäuschen, huste doch mal“

Falls Sie es vorab noch nicht besprochen hatten, erklären Sie den Kindern, dass Kräuter nicht nur lecker sind, sondern auch eine heilende Wirkung haben und bei bestimmten Erkrankungen helfen können. Zeigen Sie noch einmal das Foto vom Spitzwegerich und erläutern Sie, dass der Spitzwegerich kleine Verletzungen der Haut heilen kann, bei Insektenstichen hilft und das Brennen von Brennnesseln lindern kann. Wenn man den Spitzwegerich in Form von Saft oder Tee trinkt, hilft er zudem auch bei Husten.

Bei dem Spiel „Mäuschen, huste doch mal“ geht es genau um diese heilende Wirkung. Hierfür werden alle Kinder zu Mäusen und bilden einen Sitzkreis. Ein Kind stellt sich nun in die Mitte des Kreises und ist in dieser Runde der Spitzwegerich. Dem Spitzwegerich werden die Augen verbunden und Sie drehen das Kind einige Male um sich selbst im Kreis. In der Zwischenzeit können die Mäuse noch einmal die Plätze tauschen.

Wenn alle Kinder wieder einen Platz haben, kann das Spiel beginnen und der Spitzwegerich geht mit verbundenen Augen auf die Suche nach einem Mäuschen. Sobald er eine Maus gefunden hat, setzt er sich auf deren Schoß und sagt „Mäuschen, huste mal“. Die angesprochene Maus hustet nun einmal. Anhand des Hustens muss der Spitzwegerich jetzt erraten, welches Kind das Mäuschen ist. Um die Maus zu erkennen, darf der Spitzwegerich das Mäuschen dreimal husten lassen. Sobald der Spitzwegerich das Mäuschen richtig benannt hat, tauschen die Kinder die Rollen und Sie können eine weitere Runde spielen.

Nach dem Abschlussspiel können Sie noch ein Abschlusslied aus ihrem Repertoire singen und anschließend den Morgenkreis offiziell beenden.

WIR PFLANZEN DEN FRÜHLING

Dauer: 20 Minuten

Teilnehmeranzahl: bis 10 Kinder

Ort: im Gruppenraum

Material: Bilder, Saatgut, Töpfe, Erde

Ziele: Bewegung-Lern-Verbindung, Feinmotorik, Auge-Hand-Koordination, Agrarwissen

Inhalt: Bewegungsangebot, Fingerspiel

Hinführungsphase: Einleitung Blumen und Pflanzen säen

Eröffnen Sie den Morgenkreis, indem Sie mit den Kindern gemeinsam besprechen, wie genau eine Pflanze oder Blume wächst. Erklären Sie hierbei den Weg vom Samen zur fertigen Pflanze und besprechen Sie zudem, was die Pflanze zum Wachsen braucht. Insbesondere bei kleineren Kindern kann es hilfreich sein, die verschiedenen Stadien des Wachstums mit Bildern zu verdeutlichen.

Durchführungsphase: Bewegungsangebot „Pflanzen aus Samen ziehen"

Verteilen Sie nun das Saatgut. Hierbei ist es Ihnen überlassen, was Sie mit den Kindern säen möchten. Sie können frei entscheiden, ob es Blumen, Kräuter oder Gemüsesorten werden sollen – achten Sie lediglich darauf, dass das Saatgut für die Jahreszeit geeignet ist, damit es auch gut gedeihen kann und die Kinder das Wachstum beobachten können. Anschließend kann sich jedes Kind einen Topf nehmen, diesen mit Erde befüllen und das Saatgut einpflanzen. Gießen nicht vergessen! Falls Sie geeignete Töpfe haben, können Sie zusätzlich noch ein weiteres Angebot anbieten, bei dem die Kinder vorab ihre Pflanztöpfe individuell verschönern und bemalen können. Stellen Sie die bepflanzten Töpfe an einen geeigneten Platz und beobachten Sie gemeinsam mit den Kindern, wie die Pflanzen in den nächsten Tagen und Wochen wachsen.

Abschlussphase: Fingerspiel „Der Frühling kommt"

Hier benötigen Sie beide Hände. Die eine ist der Schmetterling, die andere Hand die Knospe.

Aus der Erde wächst das Gras, *[Finger der rechten Hand zappeln von unten]*

Regen macht es pitschenass. *[die Finger der linken Hand zappeln von oben]*

Kommt der liebe Sonnenschein *[die Finger der linken Hand spreizen]*

lockt hervor ein Blümelein. *[Fingerspitzen der rechten Hand aneinanderlegen]*

Bald schon springt die Knospe auf, *[die rechte Hand etwas öffnen]*

setzt ein Schmetterling sich drauf. *[die linke Hand deutet durch Öffnen und Schließen den Schmetterling an. Die linke Hand landet auf der rechten Hand, welche die Blüte darstellt.]*

Beide wiegen sich im Wind, *[beide Hände werden zusammen hin und her gewogen]*

Falter flattert fort geschwind. *[die linke Hand fliegt hinter den Rücken mit Auf- und Zu-Bewegungen. Die rechte Hand bleibt offen]*

Nun ist das Blümelein allein *[die rechte Hand schließt sich]*

ruhig schläft es wieder ein.

Nach dem Fingerspiel können Sie den Morgenkreis offiziell beenden.

DER FRÜHLING MAG ES BUNT

Dauer: 20 Minuten

Teilnehmeranzahl: bis 20 Kinder

Ort: im Garten / im Gruppenraum

Material: Gras, kleine Stöckchen, Band, Farben, Papier

(Sie können diesen Morgenkreis auch im Gruppenraum durchführen. In diesem Fall müssen Sie das Gras und die Stöckchen vorab selbst sammeln und den Kindern dann zur Verfügung stellen.)

Ziele: Farbwissen, Kreativität, soziales Miteinander, Bewegung-Lern-Verbindung, Feinmotorik, Auge-Hand-Koordination

Inhalt: Bastelangebot, Fingerspiel

Hinführungsphase: Farben im Frühling

Der Frühling gilt nicht umsonst als bunte Jahreszeit. Gehen Sie mit den Kindern gemeinsam in den Garten oder schauen sie zusammen mal bewusst aus dem Fenster. Welche Farben können Sie entdecken? Verstecken sich in den dunklen Beeten schon die ersten bunten Frühlingsblüher? Lassen Sie die Kinder auf bunte Entdeckungsreise gehen und besprechen Sie anschließend gemeinsam, welche Farben sie finden konnten.

Durchführungsphase: Kreativangebot „Pinsel basteln"

Spätestens ab April können Sie ganz einfach mit den Kindern eigene Pinsel herstellen. Hierfür lassen Sie die Kinder im Garten kleine Stöckchen suchen und Grashalme sammeln. Sobald jedes Kind ein Stöckchen und Gras gesammelt hat, können Sie gemeinsam mit den Kindern die Grashalme büschelförmig um das untere Ende des Stöckchens legen und mit einem Band fixieren und festknoten. Das Stöckchen ist nun der Pinselstiel und die Grashalme sind die Pinselborsten. Bei Bedarf können sich die Kinder nun mit Hilfe einer Schere ihre Pinselborsten noch zurechtschneiden und diese einkürzen.

(Das Basteln von Pinseln eignet sich insbesondere dann, wenn Sie nach dem Morgenkreis noch ein kreatives und buntes Malangebot für die Kinder einplanen, sodass die Kinder ihre Pinsel direkt im Anschluss testen und benutzen können.)

Abschlussphase: Fingerspiel: Hab ein Beet im Garten

Beim ersten Absatz ahmen Sie mit den Händen das Harken und Streuen nach. Beim zweiten Absatz gehen die Arme über Ihren Kopf, die ausgestreckten Finger sind die Sonnenstrahlen. Die nun nach unten zeigenden Fingerspitzen stellen den Regen dar. Beim dritten Absatz wächst langsam ein Finger der Hand in die Höhe. Beim letzten Absatz lassen Sie Ihre Finger nach oben schauen und die Hände gehen langsam nach oben auseinander.

Hab' ein Beet im Garten klein, hark' es fleißig über. *[mit der Hand Harkbewegungen nachahmen]*

Streu' die winzgen Samen rein, decke Erde drüber. *[mit der Hand Streubewegungen machen]*

Geht die liebe Sonne auf, wärmt das Beet mit Strahlen. *[Hände über den Kopf halten, zur Seite nach unten führen, dabei mit den Fingern wackeln]*

Regentropfen fallen drauf, keimen bald die Samen. *[Finger von oben nach unten zappeln lassen]*

Da erwacht das Pflänzlein klein, streckt die Wurzeln unter, *[eine Hand vor den Körper mit der Handinnenfläche nach unten, die andere Hand ist darunter und zappelt mit den Fingern]*

reckt das Hälmchen in die Höh´, schaut hervor ganz munter. *[die Hand umdrehen, so dass die Handinnenfläche nach oben zeigt, die andere Hand nun darüber und die Finger zappeln lassen]*

Immer höher wächst es nun, *[die Fingerspitzen zeigen oben, zappeln immer höher]*

Sonnenstrahlen glühen, bis die Knospen eines Tages wundervoll erblühen. *[beide Hände formen eine Knospe, welche sich langsam nach oben hin öffnet]*

Nach dem Fingerspiel können Sie den Morgenkreis offiziell beenden.

INSEKTEN

Dauer: 20 Minuten

Teilnehmeranzahl: bis 20 Kinder

Ort: im Garten/Wald/Park

Material: evtl. Picknickdecken, etwas zum Augenverbinden

Ziele: Ernährungskompetenzen, soziales Miteinander, Körpergefühl, Aufmerksamkeit

Inhalt: Fingerspiel, Kreisspiel, Picknick

Hinführungsphase: Fingerspiel „Fünf kleine Käferlein“

Fünf kleine Käferlein, die flogen aus dem Haus, *(eine Hand hochhalten und mit allen fünf Fingern wackeln),*
der Dickste flog als Erstes raus mit großem Saus und Braus. *(den Daumen wegklappen)*
Der Zweite wusste nicht, wohin, und landete auf dem Kinn. *(den Zeigefinger umklappen)*
Der Dritte hatte großen Mut und flog direkt auf einen Hut. *(den Mittelfinger umklappen)*
Der Vierte war ein wenig eitel, er landete auf einem Scheitel. *(den Ringfinger wegklappen)*
Und das kleinste Käferlein? Was wird mit ihm geschehen sein?
Es ging wieder ins Haus hinein und machte es sich dort gemütlich und fein. *(mit dem kleinen Finger wackeln und zum Schluss umklappen)*

Durchführungsphase: Kreisspiel „Krabbelige Käfer“

Im Frühling erwachen nicht nur die Blumen, Pflanzen und Bäume aus ihrem Winterschlaf, sondern auch die Insekten kommen aus ihren Verstecken und genießen die ersten Sonnenstrahlen. Vielleicht konnten die Kinder auch bereits die ersten Insekten krabbeln und fliegen sehen. Passend zum wilden und wuseligen Krabbeln ist das Kreisspiel „Krabblige Käfer“. Hierfür werden die Kinder zu Käfern und setzen sich in einen Kreis, während ein Kind sich in die Mitte setzt und die Augen verbunden bekommt. Die Käfer müssen nun ganz leise sein, damit sich das Kind in der Mitte auch wirklich gut konzentrieren und richtig lauschen kann. Durch einen Fingerzeig bestimmen Sie nun einen Käfer, der möglichst leise und unentdeckt zum Kind in der Mitte krabbelt. Das ratende Kind in der Mitte hebt währenddessen seinen Arm und zeigt mit einem Finger in die Richtung, aus der es die Krabbelgeräusche hört. Zeigt das Kind direkt auf den Käfer (hierbei zählt nur bewusstes Zeigen für mehrere Sekunden und kein wildes umher Gezeige), hat das Kind in der Mitte den Käfer entdeckt und gewonnen. Schafft es das Kind in der Mitte nicht, direkt auf den Käfer zu zeigen, kann der Käfer so lange weiterkrabbeln, bis es bei dem Kind angekommen ist und dieses mit den Fingern ankrabbelt. In diesem Fall hat dann der Käfer gewonnen.
Dieses Spiel lässt sich beliebig oft wiederholen.

Abschlussphase: Picknick

Der Frühling ist die ideale Jahreszeit für ein gemeinsames Picknick. Anstatt dass jedes Kind nach dem Morgenkreis einzeln frühstücken geht, können Sie den Morgenkreis sanft in ein Picknick übergehen lassen. Das gemeinschaftliche Essen unter freiem Himmel ist für Kinder immer etwas Besonderes und macht den Kindern viel Freude. Nach dem Picknick können Sie noch ein Abschlusslied aus Ihrem Repertoire singen und so den Morgenkreis offiziell beenden.

EIER

Dauer: 20 Minuten

Teilnehmeranzahl: bis 10 Kinder

Ort: im Gruppenraum

Material: Eierschalen, Erde, Kresse-Samen, Wäscheklammern, kleine Weingummiwürmer

Ziele: Kreativität, soziales Miteinander, Bewegung-Lern-Verbindung, Feinmotorik, Reaktionsvermögen, Achtsamkeit, Auge-Hand-Koordination und Zählen

Inhalt: Bewegungsspiel, Kreativangebot

Hinführungsphase: Einleitung zum Thema Eier legen und Nachwuchs

Im Frühling sind alle fleißig. Besonders die Vögel kann man dabei beobachten, wie sie auf die Suche nach geeignetem Nistmaterial gehen, Nester bauen und anschließend Eier hineinlegen. Vielleicht haben Sie im Garten oder der direkten Nachbarschaft sogar ein Vogelnest, das Sie gemeinsam mit den Kindern beobachten können. Die Kinder finden es spannend, zu sehen, wie aus den Eiern neues Leben entsteht und die Küken anschließend leise piepsen und hungrig ihre Schnäbel recken, bis sie letztendlich aus dem Nest ausfliegen.

Durchführungsphase: Bewegungsspiel „Futtern wie ein kleiner Vogel“

Anfangs ist es nur ein Ei, doch irgendwann macht es knack und die Schale zerbricht. Aus den Eiern schlüpfen kleine Vögel und die haben vor allem eins: Hunger! Doch wie essen die kleinen Vögel überhaupt? Genau, mit dem Schnabel. Klingt einfach? – dann lassen Sie es die Kinder ausprobieren. Verteilen Sie die Weingummiwürmer auf einem Tisch und geben Sie jedem Kind eine Wäscheklammer. Die Wäscheklammern stecken sich die Kinder nun so in den Mund, dass sie diese mit Hilfe ihrer Zähne öffnen und schließen können.

Nun können die Kinder versuchen, mit Hilfe ihres Schnabels die Würmer aufzupicken. Das sieht leichter aus, als es ist. Doch wer es geschafft hat, darf seinen Wurm verspeisen.

Abschlussphase: Kreativangebot „Kresse Eier“

Nachdem die Küken geschlüpft sind, sind die Eier leer. Wie ein leeres Ei dann aussieht, das kennen die Kinder sicher vom eigenen Frühstückstisch. Die leeren Eierschalen müssen jedoch nicht zwangsläufig in den Mülleimer. Bedecken Sie den Eierschalenboden einfach mit etwas Erde (Watte geht auch) und lassen Sie die Kinder einige Kresse-Samen darauf streuen. Mit etwas Wasser befeuchten und schon können die Kinder dabei zusehen, wie innerhalb weniger Tage bereits die Kresse aus den Eiern sprießt. Nach dem Bepflanzen können Sie noch ein Abschlusslied aus ihrem Repertoire singen und danach den Morgenkreis offiziell beenden.

SCHNECKEN

Dauer: 20 Minuten

Teilnehmeranzahl: bis 20 Kinder

Ort: im Garten und im Gruppenraum

Material: Schnecken, Salat, eine Plane als Untergrund, ein kleiner Regenmacher

Ziele: Feinmotorik, soziales Miteinander, Hörsinn, Achtsamkeit, Konzentration, Auge-Hand-Koordination

Inhalt: Fingerspiel, Spiel, Kreisspiel

Hinführungsphase: Fingerspiel „Schneckenhaus"

Dort aus dem Schneckenhaus,
schaut eine Schnecke raus.
Streckt ihre Augen aus,
kommt aus dem Haus heraus.
Kraucht bis zum Maulbeerenstrauch,
frisst von den Blättern auch,
„Oh, dort die Stachelmaus,
sieht wie ein Igel aus!"
O Graus, o Graus, o Graus!
Schnell, schnell, schnell, schnell, schnell, schnell!
Schnell in mein Haus!

Während der ersten beiden Strophen den rechten Arm so weit wie möglich einrollen wie ein Schneckenhaus. Der linke Arm ist die Schnecke, die ganz, ganz langsam sich immer weiter aus dem Haus herausstreckt. Der kleine Finger und der Zeigefinger sind die Augen, die ebenfalls langsam ausgestreckt werden.

In der letzten Strophe wird der linke Arm wieder zurück zum Körper, also zurück in das Schneckenhaus, gezogen, dieses Mal jedoch deutlich schneller – so schnell, wie eben eine Schnecke schnell sein kann.

Durchführungsphase: Spiel „Schneckenrennen"

Die Kinder können sich im Garten auf die Suche nach Schnecken machen. Gut geeignet sind feuchte Frühlingstage, da dort am meisten Schnecken zu finden sind. Falls nicht jedes Kind eine Schnecke findet, können Sie anschließend kleinere Gruppen einteilen, deren Schnecke dann die gesamte Gruppe beim Rennen vertritt.

Lassen Sie die Kinder ihre Schnecken genau beobachten, vielleicht möchten sie ihnen auch Namen geben. Nun wird das Rennen vorbereitet. Hierfür legen sie eine Plane auf den Boden und befeuchten diese mit etwas Wasser. Die Schnecken werden nur an einem Startpunkt abgesetzt, während am Ziel der Salat platziert wird. Achten Sie darauf, dass Start und Ziel nicht zu weit auseinander liegen, ansonsten wird das Rennen sehr lange dauern und könnte unter Umständen langweilig werden.

Wenn alle Schnecken startklar sind, kann das Rennen offiziell angepfiffen werden und die Kinder können ihre Schnecken anfeuern. Die Schnecke, die als Erste beim Salat ist, hat gewonnen.

Anmerkung: Achten Sie darauf, dass alle Schnecken vorsichtig behandelt werden und im Anschluss an das Rennen wieder behutsam in die Natur zurückgebracht werden.

Abschlussphase: Kreisspiel „Schlafende Schnecke"

Für dieses Spiel bilden die Kinder einen Sitzkreis, während ein Kind die Schnecke ist und sich in die Mitte setzt. Die Schnecke rollt sich in ihr Haus ein, schließt die Augen und schläft ein. Nun lassen Sie einen kleinen Regenmacher durch den Kreis wandern. Ziel ist es, dass die Kinder diesen möglichst geräuschlos an ihren Sitznachbarn weitergeben. Gelingt dies nicht und hört die schlafende Schnecke den Regen, wacht sie auf und tauscht mit dem Kind, das den Regenmacher nicht leise genug weiterreichen konnte, den Platz. Dieses Spiel können Sie beliebig lang fortsetzen.

Nach dem Spiel können Sie noch ein Abschlusslied aus Ihrem Repertoire singen und anschließend den Morgenkreis offiziell beenden.

Sommer

BUNTE SCHÄTZE

Dauer: 25 Minuten
Teilnehmeranzahl: bis 20 Kinder
Ort: im Kindergarten-Garten (ersatzweise im Park/Wald)
Material: -
Ziele: Bewusstes Wahrnehmen, Bewegung-Lern-Verbindung, Kreativität, innere Ruhe
Inhalt: Traumreise, Kreativangebot, Bewegungsspiel

Hinführungsphase: Traumreise „Von innen heraus“

bit.ly/3WioJAd
Link oder QR-Code
zum Audio-Guide

Hast du schon einmal ein Glühwürmchen gesehen? Es sieht aus wie ein kleines, schwebendes Würmchen. Und sobald die Sonne hinter den Wolken verschwunden ist, schaltet es sein Lämpchen an. Stelle dir ein solches Würmchen einmal ganz genau vor. Schließe hierfür deine Augen. Du bist ruhig, ganz ruhig. Mache dich in Gedanken auf den Weg zu einem wunderschönen Baum, der in der Abendsonne steht. Siehst du den Baum vor dir? Er steht felsenfest im Boden und du spürst, wie seine Ruhe auf dich übergreift. Du bist ganz, ganz ruhig. Gehe ein wenig dichter an den Baum heran. Du weißt, dass gleich, wenn die Sonne am Horizont versinkt, ein wunderschönes Lichtermeer entstehen wird. Setze dich zu den Wurzeln des Baumes nieder und lehne dich an seinen Stamm. Der Stamm ist wunderbar warm, von den abendlichen Sonnenstrahlen. Spüre die letzten Strahlen der Sonne nun auch auf deiner Haut. Spürst du, wie sie dich mit der letzten Kraft des Tages wärmt? Strecke der Sonne deine Arme entgegen und fühle die sanfte Wärme, die dich streichelt. Du bist ganz ruhig und deine beiden Arme sind ganz angenehm warm. Nun ist es Zeit für die Sonne, schlafen zu gehen, damit sie morgen wieder für dich scheinen kann. Wünsche ihr in Gedanken eine gute Nacht, wenn sie langsam untergeht. In diesem Moment schleicht sich ein angenehmes Nachtblau heran. Wie schön sich die Farben von einen auf den anderen Moment geändert haben. Du sitzt noch immer am Baum und bist ganz und gar von Ruhe durchströmt. Die Sonnenwärme ist noch immer in deinen Armen abgespeichert, sodass du ganz frei noch ein Weilchen sitzen bleiben kannst. Schaue dich ganz in Ruhe um. Du wartest auf das nächste Leuchten. Und schon entdeckst du einen ersten, zaghaften Schein in der Ferne. Fast sieht es so aus, als wäre ein winziger Stern an die Erde herangerückt und würde sich jetzt auf dich zubewegen. Schaue dem Leuchten zu, wie es langsam näher kommt. Du bist ganz ruhig und bleibst völlig still sitzen. Und schon ist das Leuchten bei dir angekommen. Mit einer gleitenden Bewegung landet das kleine Glühwürmchen zu deinen Füßen. Es schaut mit seinen winzigen Augen zu dir hoch, als ob es abschätzen würde, ob es dir vertrauen kann. Und du bleibst völlig ruhig, um dem kleinen Tier Vertrauen zu schenken. Schaue das Glühwürmchen ganz in Ruhe an und gib ihm zu verstehen, dass du es nur anschauen magst. Nimm in dieser Zeit drei tiefe Atemzüge. Ein ... Du bist ganz ruhig und schaust das Glühwürmchen an. Und wieder aus. Ein zweites Mal ein ... Du siehst in den Augen des kleinen Tieres, dass es allmählich Vertrauen fasst. Und wieder aus ... Ein letztes Mal tief ein ... Das Glühwürmchen kommt ein Stückchen näher und setzt sich genau zu deinen Füßen. Und wieder aus ... Du hast es geschafft. Durch deine Ruhe hat das Glühwürmchen Vertrauen zu dir gefasst, es sitzt nun ganz entspannt neben deinen Füßen. Es ist fast, als hätte ein Stern neben dir Platz genommen. Du bist völlig ruhig und schaust dabei zu, wie das kleine Lichtchen zu deinen Füßen schimmert. Langsam nehmen deine Füße das Licht auf und sie werden nach und nach immer wärmer. Du bist vollkommen ruhig und deine Arme sind mollig warm vom Sonnenlicht. Du bist vollkommen ruhig und deine Füße sind mollig warm vom Lichtchen des Glühwürmchens. Und dann passiert etwas, womit du nun wirklich nicht gerechnet hättest. Das Glühwürmchenlicht wird heller und dunkler und wieder heller und wieder dunkler. Fast sieht es so aus, als würde das Licht Zeichen geben. Als du den Kopf hebst und in die Ferne siehst, erkennst du, dass es ganz genauso ist. Denn das Gras, welches bis gerade eben noch vollständig im Schatten gelegen hat, beginnt, zu schimmern. Wo du auch hinsiehst, erscheinen kleine Lichtchen, die an die Spitzen der Grashalme krabbeln und sich dann in die Luft erheben. In diesem Moment sieht es so aus, als wärst du umgeben von leuchtenden, winzigen Sternen. Schaue dich gut um. Siehe, wie die vielen Lichter auf der Stelle schwirren. Siehst du, wie die kleinen Glühwürmchen ein winziges Bisschen flackern, als wollten sie wie die Sterne am Himmel schimmern? Nicke den Glühwürmchen zu, denn du hättest sie sehr gerne ein wenig näher bei dir. Schaue, wie die Tierchen langsam auf dich zuschweben. Siehst du, dass sie aussehen wie tausende, langsame Sternschnuppen? Und mit jedem Flattern ihrer winzigen Flügel tragen sie die Wärme ein wenig dichter an dich heran. Du bist vollkommen entspannt. Die Wärme der letzten Sonnenstrahlen durchflutet noch immer deine Arme. Die Wärme des einzelnen Glühwürmchens auf dem Boden steckt noch immer in deinen Beinen. Und die Glühwürmchen, die nun langsam an dich heranschweben, übertragen ihre ganze Lichtwärme auf deinen Körper. Spüre, wie dein Körper Stück für Stück wärmer wird. Du bist vollkommen ruhig und dein Körper fühlt sich wunderbar warm an. Schaue dich einmal selbst dabei an, wie du mit dem Rücken an einem starken Baum lehnst.

Um dich herum schweben tausende Glühwürmchen und schenken dir Wärme. Siehst du, wie du zwischen all den Tierchen sitzt? Siehst du, wie sie wie wunderschöne Sternschnuppen um dich herumschweben? Spüre die Wärme in dir und stelle dir vor, dass jedes einzelne Glühwürmchen dir in den nächsten Tagen einen Wunsch erfüllt – als wäre es wirklich eine Sternschnuppe. Schlüpfe jetzt wieder in deinen Körper hinein und siehe die Würmchen ein letztes Mal mit deinen eigenen Augen an. Nicke ihnen langsam zu, denn es wird Zeit für dich, zurückzukommen. Speichere die Lichtwärme tief in dir ab und vertraue darauf, dass all deine Wünsche in Erfüllung gehen mögen. Lasse nun ein Glühwürmchen nach dem anderen verschwinden. Sieh zu, wie sie zurückweichen und langsam wieder im Gras versinken. Als Letztes folgt das kleine Tierchen, das bis eben gerade zu deinen Füßen gesessen hat. Es schwebt nun in die Lüfte und verschwindet in der Ferne. Wenn du gleich zu mir zurückkommst, spürst du die Stärke des Baumes, der dir den Rücken stärkt. Du spürst die Ruhe, die dir diese Begegnung geschenkt hat. Und du behältst die Wärme der tausenden Glühwürmchenlichter in dir drin. Sie ist es, die dir heute die weitere Energie für den Tag schenken wird. Öffne nun langsam deine Augen, strecke dich kräftig und versuche, einmal tief zu gähnen. Du bist nun bereit für den weiteren Tag.

Durchführungsphase: Kreativangebot „Natur-Mandala“

Nach der Traumreise können Sie gemeinsam mit den Kindern in den Garten gehen. Zeigen Sie den Kindern nun am besten mit Hilfe von Bildern, wie ein Natur-Mandala aussehen kann, und erklären Sie, dass von der Mitte ausgehend nach außen gelegt werden sollte. Hierbei fängt das Mandala in der Regel klein an und wird nach außen hin immer größer. Sobald Sie das Prinzip erklärt haben, können die Kinder auf Entdeckungsreise gehen. Suchen Sie zusammen Natur-Schätze wie Blüten, Blumen, Pflanzen, Steine, kleine Stöckchen oder Ähnliches. Wenn Sie ausreichend Material gefunden haben, können die Kinder beginnen, ihre ganz eigenen Natur-Mandalas auf dem Boden zu kreieren. Anschließend können Sie noch mit der gesamten Gruppe gemeinsam jedes Mandala betrachten und das jeweilige Kind seine Ideen und Gedanken erklären lassen.

Abschlussphase: Spiel „Verwirbelte Blütenblätter“

Zum Abschluss bilden die Kinder einen Kreis und werden zu Blütenblättern. Teilen Sie nun reihum jedem Kind eine Farbe zu. Je nach Gruppengröße können Sie sich auf 4 bis 6 Farben begrenzen, so dass mehrere Kinder die gleiche Farbe zugeteilt bekommen. Nun dürfen sich die Kinder frei bewegen und wild im Wind umherfliegen. Sobald Sie jedoch eine Farbe rufen, müssen sich alle Blütenblätter dieser Farbe auf den Boden setzen. Anschließend kommt ein neuer Windstoß und die nächste Runde beginnt.

Nach dem Abschlussspiel können Sie noch ein Abschlusslied aus Ihrem Repertoire singen und den Morgenkreis offiziell beenden.

BUNTE SOMMERVIELFALT

Dauer: 20 bis 25 Minuten

Teilnehmeranzahl: bis 25 Kinder

Ort: im Kindergarten-Garten (ersatzweise im Park/Wald)

Material: gemörserte Kreide, Wasser, Schälchen, Pinsel

Ziele: Bewusstes Wahrnehmen, Farbverständnis, Körpergefühl, Bewegung-Lern-Verbindung, Motivation zur Kommunikation

Inhalt: Fingerspiel, Kreativangebot, Bewegungsspiel

Hinführungsphase: Fingerspiel „Finger und Farben"

Das ist der Daumen, der sagt: *„Ich bin weiß wie Schnee!" [den Daumen zeigen]*
Das ist der Zeigefinger, der sagt: *„Ich bin grün wie Klee!" [den Zeigefinger zeigen]*
Das ist der Mittelfinger, der sagt: *„Ich kann blau wie der Himmel sein!" [den Mittelfinger zeigen]*
Das ist der Ringfinger, der sagt: *„Ich bin gelb wie der Sonnenschein!" [den Ringfinger zeigen]*
Das ist der kleine Finger, der sagt: *„Ich bin rot wie Mamas Mund!" [den kleinen Finger zeigen]*
Alle Finger sagen: *„ Wir sind kunterbunt!" [alle Finger zappeln gemeinsam hin und her]*

Durchführungsphase: Kreativangebot „Körperfarben"

Geben Sie die bereits gemörserte Kreide in kleine Schälchen und fügen Sie etwas Wasser hinzu. Verrühren Sie die Masse nun gründlich, so dass eine cremige Paste entsteht.

Tipp: Starten Sie zunächst mit einer kleinen Menge Wasser und fügen Sie gegebenenfalls nach und nach etwas mehr Wasser hinzu, um die richtige Konsistenz zu erreichen.

Die Kinder können nun mit Hilfe der dicken Pinsel die Farbpaste auf Armen, Beinen oder wahlweise auch im Gesicht verstreichen und sich so zu fröhlich-bunten Frühlingsleinwänden verwandeln.

Anmerkung: Dieses Kreativangebot kann auch im Team durchgeführt werden. Dabei bemalen sich die Kinder dann gegenseitig.

Abschlussphase: Spiel „Bunte Farben"

Zum Abschluss bilden die Kinder einen Sitzkreis und Sie teilen jedem Kind reihum eine Farbe zu. Je nach Gruppengröße können Sie sich auf 4 bis 6 Farben begrenzen, so dass mehrere Kinder der gleichen Farbe zugeordnet sind. Sobald Sie jetzt eine Farbe rufen, tauschen alle Kinder dieser Farbe ihren Platz miteinander. Sobald sie „Regenbogen" rufen, stehen alle Kinder auf und tauschen ihre Plätze beliebig miteinander. Nach dem Abschlussspiel können Sie noch ein Abschlusslied aus Ihrem Repertoire singen und den Morgenkreis offiziell beenden.

SOMMERBLUMEN

Dauer: 20 Minuten

Teilnehmeranzahl: bis 20 Kinder

Ort: im Garten und im Gruppenraum

Material: Farbkarten, kleine Glasschalen mit Wasser

Ziele: Bewusstes Wahrnehmen, Farbkunde, Pflanzenkunde, Bewegung-Lern-Verbindung, Motivation zur Kommunikation, Motorik

Inhalt: Mitmach-Geschichte, Kreativangebot, Abschlussspiel

Hinführungsphase: Kinderyoga-Mitmach-Geschichte „Die Sonne"

Die Sonne

QR-Code oder Link zur Audio-Datei

https://bit.ly/3eMWmtR

Im Märchenwald gibt es einen riesigen **Berg**, auf dessen Gipfel ein kräftiger Wind weht.

Der Wind ist so stark, dass er die ganzen grauen Wolken am Himmel vertreibt und die **Sonne** zum Vorschein bringt. Vom Himmel lacht sie auf den Zauberwald herab und nicht nur die Tiere, sondern auch die Pflanzen freuen sich über ihre Sonnenstrahlen.

Denn die kleinen **Bäume** brauchen den Sonnenschein, um groß und stark zu werden und **Äste** zu bekommen. Doch auch die vielen kleinen Bewohner des Märchenwaldes lieben die Sonne. So liegt die kleine **Katze** Sia gerne auf der Wiese und genießt die Wärme der Sonne, die auf ihr Fell scheint. Nach einer Weile gesellt sich auch **Hund** Jady dazu und legt sich ganz entspannt daneben. Doch auch im Märchenwald geht die Sonne irgendwann unter und die **Mondsichel** leuchtet den Bewohnern am Abendhimmel den Weg.

Durchführungsphase: Kreativangebot „Auf Schatzsuche“

Im Sommer blühen viele Blumen und einige Beeren reifen. Gehen Sie gemeinsam mit den Kindern in den Garten oder einen Park und halten Sie zusammen Ausschau nach Sommer-Schätzen. Vielleicht finden Sie Beeren der Eberesche, orange Kornblumen oder blau blühende Kornblumen. Auch die Kapseln der Linde können Sie mit etwas Glück finden und wer mag, kann den weißen Kern freischälen und sogar essen.

Lassen Sie die Kinder während ihrer Entdeckungstour ein paar dieser Schätze einsammeln. Diese können die Kinder anschließend in die mit Wasser befüllten Schälchen legen und treiben lassen. Wenn die Blüten und Knospen sanft auf der Oberfläche schwimmen, sehen sie fast aus wie Seerosen, und auch schnell absinkende Steinchen oder Stöcke sind für die Kinder faszinierend zu beobachten.

Abschlussphase: Abschlussspiel „Sommerblumen“

Zum Abschluss bilden die Kinder einen Kreis und stellen sich jeweils hinter ihren Stuhl (falls sie draußen spielen, können sich die Kinder im Spielverlauf auch einfach auf den Boden setzen statt auf einen Stuhl). Nun halten Sie eine Farbkarte in die Höhe und zeigen auf ein Kind. Dieses Kind darf nun eine Blume oder Pflanze nennen, die in dieser Farbe blüht. Ist die Antwort richtig, darf sich das Kind setzen und auf das nächste Kind zeigen. Weiß ein Kind einmal keine passende Pflanze, können Sie ein anderes Kind helfen lassen oder eine andere Farbe vorschlagen.

Nach dem Abschlussspiel können Sie noch ein Abschlusslied aus Ihrem Repertoire singen und den Morgenkreis offiziell beenden.

RUHIGER SOMMER

Dauer: 20 bis 25 Minuten

Teilnehmeranzahl: bis 25 Kinder

Ort: im Garten (ersatzweise im Park/Wald)

Material: Achtsamkeitskärtchen, Steine

Sie können den Morgenkreis auch im Gruppenraum durchführen, dafür sollten Sie jedoch vorab ausreichend Steine sammeln, die Sie den Kindern zur Verfügung stellen können.

Ziele: Bewusstes Wahrnehmen, innere Ruhe, Bewusstsein für den eigenen Körper, Körperkontakt mit anderen, Motivation zur Kommunikation

Inhalt: Achtsamkeitsübung, Geduldsspiel, Massage

Hinführungsphase: Achtsamkeitsübung „Was siehst du?"

Zu Beginn bilden die Kinder einen Kreis. Nun stellen Sie den Kindern die vorbereiteten Kärtchen vor und verknüpfen Sie mit der jeweiligen Frage beziehungsweise dem Suchauftrag:

- Findet etwas, das ihr gerne anschaut. *(ein Auge mit einem Herz darin)*
- Findet etwas, das euch glücklich macht. *(ein lächelndes Gesicht)*
- Findet etwas in eurer Lieblingsfarbe. *(ein Regenbogen)*
- Findet etwas, das toll riecht. *(eine Nase)*

Nachdem alle Kinder die Suchaufträge verstanden haben, können Sie sich nun frei im Außengelände bewegen und die für sie passenden Objekte suchen. Nach der erfolgreichen Suche kehren die Kinder in den Kreis zurück und berichten von ihren Entdeckungen. Bei dieser Aufgabe geht es darum, die Achtsamkeit zu stärken und einen besonders intensiven Fokus auf positive Dinge in der Umwelt zu erzeugen.

Durchführungsphase: Geduldsspiel „Steine stellen"

Im Anschluss an die Eröffnungsphase bekommen die Kinder den Auftrag, jeweils 5 Steine in verschiedenen Größen und Formen zu sammeln. Sobald jedes Kind Steine gefunden hat, kann das Spiel beginnen. Hierfür stapelt jedes Kind seine Steine zu einem Turm. Doch Achtung: Steine sind anders als Bauklötze, sie haben unterschiedliche Formen und Oberflächen, sodass nicht jeder Stein gleich gut auf dem anderen hält. Lassen Sie die Kinder in Ruhe ausprobieren, welche Stapelreihenfolge und -methode die effektivste ist, und versuchen Sie, den Kindern Raum und Zeit für ein fokussiertes und auf sich selbst gerichtetes Arbeiten zu geben.

Abschlussphase: Massagekreis zum Thema „Garten"

Zum Abschluss kehren die Kinder erneut in einen Sitzkreis zurück und drehen sich anschließend alle mit dem Körper nach links, sodass jedes Kind auf den Rücken eines anderen Kindes schaut. Nun kann der Massagekreis beginnen. Leiten Sie hierfür die Kinder mit Hilfe verschiedener Szenarien an: So kann der Wind beispielsweise sanft über das Feld wehen und die Kinder streichen sich gegenseitig sanft mit der flachen Hand über den Rücken. Ermutigen Sie die Kinder nun dazu, eigene Ideen vorzustellen und mit Bewegungen zu verknüpfen. Fällt es den Kindern schwer, eigene Vorschläge zu machen, können Sie Hilfestellungen anbieten, indem Sie die Szenarien beschreiben und die Kinder sich dazu passende Massagebewegungen überlegen und ausführen. Einige Beispiele können sein:

- – ein Vogel pickt die Körner vom Feld *(mit den Fingern vorsichtig auf den Rücken klopfen)*
- – Blumensamen in die Erde drücken *(mit einzelnem Finger leicht auf den Rücken drücken)*
- – im Beet wachsen Blumen *(eine Blume auf den Rücken „malen")*
- – der Gärtner gräbt um *(behutsam kneten)*
- – die Sonne wärmt *(die Hände ruhig und wärmend auf den Rücken legen)*
- – usw.

Nach dem Massagekreis können Sie noch ein Abschlusslied aus Ihrem Repertoire singen und den Morgenkreis offiziell beenden.

FRUCHTIGER SPIELSPAß

Dauer: 20 Minuten

Teilnehmeranzahl: bis 25 Kinder

Ort: im Gruppenraum

Material: Obst auf Zahnstochern

Ziele: Bewusstes Wahrnehmen, Geschmackssinn, Obstkunde, Bewegung-Lern-Verbindung, Motivation zur Kommunikation, Teamfähigkeit

Inhalt: Geschmackstest, Spiel

Hinführungsphase: Einleitung „Obst benennen“

Sie können das heutige Thema einleiten, indem Sie davon erzählen, dass sie am Wochenende auf einem Obst- und Gemüsemarkt waren. Hier gab es viel frisches und leckeres Obst. Gerade im Sommer sind die Auswahl und die Geschmacksvielfalt riesig. Fragen Sie die Kinder bewusst danach, welche Obstsorten sie im Sommer schon gefunden haben oder vielleicht auch schon probieren konnten. Vielleicht waren sie sogar schon selbst auf einem Erdbeerfeld Erdbeeren pflücken oder haben sogar Äpfel vom eigenen Apfelbaum im Garten gepflückt.

Durchführungsphase: Geschmackstest

Nun bitten Sie die Kinder, die Augen zu schließen, und verteilen je ein aufgespießtes Obststück an ein Kind. Hierfür eignen sich Beeren, Melone und andere typische Sommergeschmäcker. Die Kinder sollen nun das Obst in den Mund nehmen und ohne hinzuschauen herausfinden, welche Obstsorte sie gerade essen. Sobald die Kinder eine Vermutung haben, um welche Frucht es sich handelt, müssen sie ein Kind finden, das vermutet, die gleiche Obstsorte gegessen zu haben. Zum Schluss lösen Sie dann auf, ob die Kinder richtig lagen.

Abschlussphase: Spiel „Obstsalat“

Für das Abschlussspiel bilden die Kinder einen Sitzkreis. Nun teilen Sie die Kinder in Obstsorten ein. Gehen Sie dafür von Kind zu Kind und benennen Sie diese der Reihe nach immer wieder in Früchte um, wie beispielsweise in Erdbeere, Kiwi, Melone, Apfel und Birne.

Wenn alle Kinder einer Obstsorte zugeordnet sind, können Sie ein Obst ausrufen, zum Beispiel „Erdbeere“. Nun müssen alle Erdbeeren aufstehen und ihre Sitzplätze tauschen. Dieses Vorgehen können Sie nun in beliebiger Reihenfolge mit allen Obstsorten durchführen. Zwischendurch können Sie auch „Obstsalat“ rufen. Bei Obstsalat stehen alle Kinder auf und suchen sich einen neuen Sitzplatz. Nach dem Spiel können Sie noch ein Abschlusslied aus Ihrem Repertoire singen und den Morgenkreis offiziell beenden.

TIERE

Dauer: 20 Minuten

Teilnehmeranzahl: bis 30 Kinder

Ort: im Bewegungsraum, Gruppenraum oder Garten

Material: Tierkarten

Ziele: Motorik, Körpergefühl, Bewegung-Lern-Verbindung, Motivation zur Kommunikation

Inhalt: Spiel, Bewegungsreise, Reim

Hinführungsphase: Spiel „Tierpantomime“

Zur Einführung überlegen Sie gemeinsam, welche Tiere die Kinder zurzeit draußen entdecken können. Sind es Vögel, die in der Sonne baden, oder Bienen, die fleißig Nektar sammeln? Haben sie Kühe gesehen, die bei schönem Sommerwetter auf die Weide durften, oder Pferde, die auf der Koppel galoppiert sind? Lassen Sie die Kinder frei erzählen. Nun teilen Sie die Kinder in Kleingruppen von jeweils drei Kindern oder in Teams ein. Anschließend überlegt sich jedes Team oder jede Gruppe für sich, welches Tier sie gleich pantomimisch darstellen will. Etwas pantomimisch darstellen heißt, einen Begriff mit dem Körper darzustellen, ohne dabei Worte oder Laute zu benutzen. Die Teams/Gruppen erklären nun das von ihnen ausgewählte Tier und die restliche Gruppe darf raten.

Durchführungsphase: Bewegungsreise „Tierwelt“

Bei diesem Bewegungsspiel dürfen sich die Kinder zunächst völlig frei im Raum bewegen. Halten Sie nun die erste Tierkarte gut sichtbar in die Höhe und sagen Sie laut den Namen des abgebildeten Tieres. Die Kinder sollen sich nun genauso bewegen wie das ausgerufene Tier, beispielsweise galoppieren wie ein Pferd, fliegen wie ein Vogel, stolzieren wie ein Hahn, stampfen wie ein Elefant oder hopsen wie ein Frosch. Dieses Spiel können Sie beliebig lang fortführen.

Abschlussphase: Fingerspiel „Kribbel, krabbel, kribbel, krabbel“

Kribbel, krabbel, kribbel, krabbel, *[Finger krabbeln in der Luft nach oben]]*
hier kommt der kleine Hund.
Er macht wau-wau-wau! *[Mit der Hand Sprechbewegungen machen]*
Kribbel, krabbel, kribbel, krabbel, *[Finger krabbeln wieder in der Luft nach oben]*
hier kommt die bunte Kuh.
Sie macht muh-muh-muh! *[Wieder Sprechbewegungen mit der Hand nachahmen]*
Kribbel, krabbel, kribbel, krabbel, *[Finger krabbeln wieder in der Luft nach oben]*
hier kommt das weiße Schäfchen.
Es macht mäh-mäh-mäh. *[Mit der Hand noch einmal Sprechbewegungen machen]*

Nach dem Abschlussspiel können Sie noch ein Abschlusslied aus Ihrem Repertoire singen und den Morgenkreis offiziell beenden.

SOMMERWIESE

Dauer: 25 Minuten

Teilnehmeranzahl: bis 20 Kinder

Ort: im Gruppenraum

Material: Bilderkärtchen von Insekten, Lavendel sowie getrocknete Lavendelblüten, kleine Stoffsäckchen, Band zum Zubinden, Musik

Ziele: Bewusstes Wahrnehmen, Bewegung-Lern-Verbindung, Motivation zur Kommunikation, Motorik sowie Feinmotorik, Körperwahrnehmung, Vokabular, Körpergefühl

Inhalt: Spiel, Kreativangebot, Bewegungsspiel

Hinführungsphase: Spiel „Insekten"

Zu Beginn bilden die Kinder einen Sitzkreis. In die Mitte des Kreises machen Sie aus den verdeckten Karten einen Stapel. Bestimmen Sie ein Kind, das nun die oberste Karte vom Stapel ziehen darf. Das Kind schaut sich diese Karte heimlich an und beschreibt nun so ausführlich wie möglich, wie das abgebildete Insekt auf seiner Karte aussieht. Anhand der Beschreibung raten die anderen Kinder nun, um welches Insekt es sich handelt. Sobald das Insekt richtig erraten wurde, ist das Rätsel gelöst und das nächste Kind darf eine Karte umdrehen und eine neue Raterunde starten.

Durchführungsphase: Kreativangebot „Sommerduftsäckchen"

Leiten Sie nun mit Hilfe der Insekten in den Hauptteil ein. Insekten sind im Sommer nahezu überall zu finden und werden von bunten Blumen und ihrem süßen Duft magisch angezogen. Zeigen Sie den Kindern einen Lavendelzweig und lassen Sie diesen im Sitzkreis weiterreichen. Die Kinder können sich den Lavendel genau anschauen, die Farben und Blüten betrachten und auch daran riechen. Erklären und benennen Sie die Blume noch nicht, damit sich die Kinder vollkommen offen und neutral auf diese Entdeckung einlassen können. Sobald der Lavendelzweig wieder bei Ihnen angekommen ist, können Sie die Kinder fragen, ob sie diese Pflanze bereits kennen und was ihnen beim Betrachten und Riechen aufgefallen ist – und vielleicht erkennt ein Kind den Lavendel bereits und kann ihn beim Namen nennen.

Legen Sie anschließend die Lavendelblüten und die Stoffsäckchen in die Mitte des Kreises und lassen Sie die Kinder selbstständig ihr eigenes Duftsäckchen befüllen. Die Kinder können die Säckchen zum Schluss einfach mit einem Band zuschnüren (helfen Sie Kindern, die noch zu klein sind, um selbstständig einen Knoten zu machen). Nun hat jedes Kind sein eigenes Sommerduftsäckchen.

Anmerkung: Es ist empfehlenswert, auch die selbst geknoteten Säckchen nochmals zu überprüfen, damit sich im folgenden Spiel kein Knoten löst und das Säckchen nicht auskippt.

Abschlussphase: Spiel „Wackeltanz"

Zum Abschluss können sich die Kinder zur Musik frei im Raum bewegen. Hierbei legen Sie sich die selbstgemachten Sommerduftsäckchen auf den Kopf und versuchen nun, zu tanzen, ohne dass ihnen das Säckchen dabei vom Kopf rutscht. Fällt doch ein Säckchen zu Boden, kann es einfach wieder aufgehoben und neu versucht werden. Nach dem Abschlussspiel können Sie noch ein Abschlusslied aus Ihrem Repertoire singen und den Morgenkreis offiziell beenden.

SONNE, EIS & STRAND

Dauer: 15 bis 20 Minuten

Teilnehmeranzahl: bis 30 Kinder

Ort: im Gruppenraum

Material: „Eiswaffeln“ aus Papier (Spitztüte aus einem DIN-A4-Blatt gefaltet und verklebt), 1 Tischtennisball

Falls Sie den Morgenkreis mit einer großen Gruppe durchführen, können Sie das Spiel im Hauptteil auch mit zwei oder mehr Bällen zeitgleich spielen.

Ziele: Bewusstes Wahrnehmen, Bewegung-Lern-Verbindung, soziale Interaktion, Motorik, Motivation zur Kommunikation

Inhalt: Reim, Bewegungsspiel, Lied

Hinführungsphase: Reim „Eiscreme“

Eiscreme, Eiscreme!

Kühlt so schön in der Sommersonne *(mit den Händen einen großen Kreis in die Luft malen)*

Eiscreme, Eiscreme!

So kalt, dass ich Gänsehaut bekomme.
(mit den Händen über die eigenen Arme streichen und zittern)

Eiscreme, Eiscreme!

Daran wollen wir uns laben. *(Mit den Händen den Bauch reiben)*

Eiscreme, Eiscreme!

Hurra, hurra an warmen Sommertagen *(3-mal in die Hände klatschen)*

Betzold

Durchführungsphase: Bewegungsspiel „Eis“

Für dieses Spiel sitzen die Kinder im Sitzkreis und bekommen jeweils eine Eiswaffel ausgeteilt. Ziel ist es nun, die Eiskugel in Form des Tischtennisballs von Kind zu Kind, also von Eiswaffel zu Eiswaffel, weiterzugeben. Dabei darf die Eiskugel nicht mit den Händen berührt werden, sondern nur durch vorsichtiges kippen umgefüllt werden. Ziel ist es, dass das Eis nicht verkleckert wird und zu Boden fällt. Um die Schwierigkeit zu steigern oder auch bei einer Durchführung mit größeren Gruppen empfiehlt es sich, nach und nach immer mehr Eiskugeln auf die Reise zu schicken. Dies steigert die Spannung und erhöht zusätzlich die Dynamik.

Abschlussphase: Fingerspiel „Die liebe Sonne"

Passend zum Text zappelt zuerst Ihr Daumen, dann Ihr Zeigefinger und zum Schluss zappeln alle Finger um die Wette.

Fünf Fingerlein, die schliefen fest wie Vögelein in ihrem Nest *[eine Hand macht eine Faust, die andere umschließt sie]*

Da kam die liebe Sonne vom Himmel herab, *[die umschließende Hand wird nun die Sonne, dabei die Finger ausstrecken und zappeln]*
Davon ist der Daumen zuerst aufgewacht. *[den Daumen der Faust-Hand ausstrecken]*
Der reckte sich und streckte sich und rief dann erfreut:
„Guten Morgen, liebe Sonne, schön ist es heut!"

Er klopfte dem zweiten auf die Schulter ganz sacht, *[der Daumen tippt den Zeigefinger an]*
Da ist er aufgewacht. *[Zeigefinger streckt sich langsam]*
Der reckte sich und streckte sich und rief dann erfreut:
„Guten Morgen, liebe Sonne, schön ist es heut!"

Da haben die beiden gescherzt und gelacht, *[Daumen und Zeigefinger zappeln lassen]*
Davon sind die drei anderen auch aufgewacht. *[die anderen drei Finger strecken sich langsam]*
Die reckten sich und streckten sich und riefen erfreut: *[alle Finger zappeln zusammen]*
„Guten Morgen, liebe Sonne, schön ist es heut!" [der Sonne zuwinken]

Nach dem Fingerspiel können Sie den Morgenkreis offiziell beenden.

EINZIGARTIGE NATUR

Dauer: 20 bis 25 Minuten

Teilnehmeranzahl: bis 30 Kinder

Ort: im Gruppenraum und Garten

Material: Gläser, Wasser, Pflanzen aus dem Kindergarten-Garten

Ziele: Bewusstes Wahrnehmen, Bewegung-Lern-Verbindung, Motivation zur Kommunikation, Teamfähigkeit, Motorik

Inhalt: Fingerspiel, Bewegungsangebot, Lied

Hinführungsphase: Fingerspiel „Käfer-Familie"

Ihre Finger sind nun die Marienkäfer und fliegen in der Luft herum. Wenn Sie Ihre Flügel ausfahren, bewegen Sie Ihre Arme seitlich ausgestreckt dazu.

Alle meine Fingerlein, wollen heute Marienkäfer sein. *[Finger zappeln umher]*

Sie breiten ihre Flügel aus und fliegen in die Welt hinaus. *[Arme ausbreiten und die Flügel nachahmen]*

Dann machen sie eine kleine Pause und fliegen wieder schnell nach Hause. *[Arme um den eigenen Körper schlingen]*

Durchführungsphase: Bewegungsspiel „Team-Memory"

Vorbereitung: Befüllen Sie die Gläser vorab mit unterschiedlichen Blumen, Blüten und Pflanzen aus Ihrem Kindergarten-Garten und gießen Sie diese anschließend mit Wasser auf.

Durchführung: Teilen Sie die Kinder in Kleingruppen oder Teams ein. Verteilen Sie pro Gruppe ein vorbereitetes „Memory-Glas". Die Kinder haben nun zunächst einige Minuten Zeit, die Gläser genau zu studieren und die darin enthaltenen Pflanzen zu identifizieren und einzuprägen.

Dann beginnt die Suche: Die Teams lassen die Gläser an ihren Plätzen stehen und begeben sich nun im Garten auf die Suche nach den Pflanzen in ihrem Glas.

Das Team, das als Erstes alle gesuchten Blumen und Pflanzen gefunden hat, hat gewonnen.

Abschlussphase: ‚Erzählung' Spinnennetze

REQUISITEN:

- ✓ ein gewebtes Spinnennetz (als Netz)
- ✓ eine kleine Spinne (als Protagonistin)
- ✓ eine kleine Fliege aus Papier (als Insekt)
- ✓ blaue Papiertropfen (als Regen)
- ✓ bunte Schnipsel (als Blätter)
- ✓ etwas Glitzer (als Tau)

https://bit.ly/3DGCzGu
Link oder QR-Code
zum Audio-Guide

Jeden Abend, wenn die Sonne untergeht und die Kinder ihre Schlafanzüge anziehen und die Zähne putzen, komme ich aus meinem Versteck *(die kleine Spinne auf den Tisch oder auf den Boden krabbeln lassen).* Mein Versteck ist hoch in der Baumkrone des Apfelbaumes im Garten. Dort kann mich tagsüber kein Vogel und kein Mensch finden. Sobald jedoch die Abenddämmerung einsetzt, komme ich mit meinen acht Beinen herausgekrabbelt. Und dann geht die Arbeit los. Ich spinne von links nach rechts und von rechts nach links, von oben nach unten und von unten nach oben, hoch und runter, hin und her *(die Spinne entsprechend der gesagten Richtung über den Boden bewegen*). Immer weiter und immer größer. Und dann ist mein Netz fertig *(das Netz auf den Tisch/den Boden legen).* Toll, oder? Und nun muss ich warten. Geduldig sitze ich ganz still auf den klebrigen Fäden *(die Spinne mittig auf das Netz setzen).* Doch oje, was ist das? Dicke Regentropfen fallen vom Himmel *(die Regentropfen auf das Netz fallen lassen)* und machen mein schönes Netz kaputt. Manche Fäden sind gerissen, aber kein Problem. Sobald der Regen vorbei ist, krabble ich wieder los und spinne die Fäden neu (*die Spinne auf dem Netz wieder hin und her bewegen).* Toll, oder? Und nun muss ich wieder warten. Geduldig sitze ich ganz still auf den klebrigen Fäden *(die Spinne mittig auf das Netz setzen).* Doch oje, was ist das? Ein Sturm zieht auf. Starke Windböen rütteln an meinem Netz und reißen kleine Löcher hinein. Blätter werden hineingewirbelt und verheddern sich *(die bunten Schnipsel auf das Netz fallen lassen).* Aber kein Problem. Sobald der Wind vorbei ist, krabble ich wieder los und repariere die kaputten Stellen (*die Spinne auf dem Netz wieder hin und her bewegen).* Toll, oder? Und nun muss ich wieder warten. Geduldig sitze ich ganz still auf den klebrigen Fäden *(die Spinne mittig auf das Netz setzen).* Doch oje, was ist das? Etwas wackelt an meinem Netz. Es zittert und vibriert an den Fäden. Eine Mücke hat sich verfangen (*die kleine Fliege auf das Netz setzen*). Schnell krabble ich zu dem Insekt und webe es blitzschnell ein *(die Spinne zu der Fliege bewegen und diese anschließend aus dem Netz nehmen*). Mhhh, lecker. Und dann geht die Sonne auf. Ein sanfter Nebel legt sich über Wiesen und Felder und den Rasen. Tau bildet sich auf manchen meiner Fäden. Der glitzert in allen Regenbogenfarben *(etwas Glitzer über das Netz streuen).* Schön, oder?

Nach der Erzählung können Sie den Morgenkreis offiziell beenden.

SOMMERERWACHEN

Dauer: 20 bis 25 Minuten

Teilnehmeranzahl: bis 25 Kinder

Ort: im Gruppenraum (ersatzweise im Park/Wald)

Material: ein Wecker oder eine kleine Uhr

Ziele: Bewusstes Wahrnehmen, Bewegung-Lern-Verbindung, Motivation zur Kommunikation

Inhalt: Traumreise, Kreisspiel, Bewegungsspiel

Hinführungsphase: Traumreise „Die Fee Fulda“

https://bit.ly/3BwGMcW
Link oder QR-Code
zum Audio-Guide

In einem schönen, grünen Wald lebte einmal eine Fee. Diese Fee hieß Fulda. Fulda war eine weise und schlaue Fee, sie wusste allerlei Dinge über Pflanzen, Tiere und die ganze große Welt. Deshalb mochten die Tiere des Waldes die Fee Fulda so gerne und lauschten stundenlang ihren Erzählungen und Geschichten. An einem verregneten Tag saß die Fee Fulda wieder einmal in ihrer Feen-Höhle am großen Teich umgeben von den drei Eichhörnchenkindern, der Eulenfamilie, dem kleinen Fuchs sowie den Waschbären und einem Dutzend Vögelchen. Alle schauten die Fee Fulda gespannt an und lauschten ihren Worten. Doch Fulda bat die Tiere heute um einen besonderen Gefallen. Alle Tiere sollten die Augen schließen, während sie ihre Geschichte erzählen würde. Die Tiere hörten auf das, was die Fee ihnen sagte, und schlossen ihre Augen. *„Ich nehme euch heute mit auf eine Reise durch die vier Jahreszeiten“*, sagte Fulda. *„Wir beginnen unsere Reise im Winter. Im Winter sind die Tage kürzer, das heißt, es wird schneller dunkel. Die Sonne scheint weniger und dadurch ist es auch kälter. Spürt ihr die Kälte auf eurer Haut?“*, fragte Fulda mit sanfter Stimme, *„Doch wenn es dann zu schneien beginnt und kleine Flocken leise vom Himmel herabschweben, wenn die Sonne rauskommt und sie die Eiskristalle in allen Regenbogenfarben zum Glitzern bringt, dann ist auch der eigentlich kalte und dunkle Winter wunderschön.“ „Nach dem Winter kommt dann der Frühling. Die Sonne wird kräftiger, scheint länger und weckt die Blumen und Pflanzen auf. Die Zugvögel kommen aus dem Süden zurück, zwitschern erfüllt die Luft und auch die Insekten schwirren munter und fleißig umher. Die Blumen beginnen, zu blühen, und bilden bunte Farbkleckse auf den satten, grünen Wiesen unseres Waldes“*, erklärt Fulda weiter. *„Und dann wird es langsam noch wärmer, der Sommer kommt. Im Sommer ist es sehr warm, die Vögel erfrischen sich im See und auch die Frösche kühlen sich ab. Die Bienen* *schwirren fleißig von Blüte zu Blüte und sammeln Nektar. Die ersten Walderdbeeren leuchten rot unter den Blättern und die ersten Blaubeeren beginnen, zu wachsen*", fährt die Fee Fulda fort. *„Nach dem warmen Sommer beginnen nun die Blätter der Bäume, sich zu verfärben. Rote, gelbe, orange und braune Blätter beginnen, herabzufallen, und tauchen den Wald in ein buntes Blättermeer. Der Herbstwind weht manchmal ganz sanft, manchmal sehr stürmisch durch die Baumkronen und langsam wird es wieder kälter",* beschreibt Fulda die Reise in den Herbst. *„Und wenn der Herbst endet, beginnt es wieder mit dem Einzug des Winters",* sagt Fulda, *„So vergeht Jahr um Jahr. Diese vier Jahreszeiten begleiten uns in jedem Jahr, egal, was passiert, sie sind immer gleich. Alle anders und dennoch einzigartig und wunderschön",* schwärmt die kleine Fee Fulda. Die Tiere öffnen langsam die Augen. *„Unsere schöne Natur ...",* flüstert eines der Eulenkinder leise und die anderen Tiere nicken zustimmend.

Durchführungsphase: Kreisspiel „Wach auf!"

Die Kinder bilden einen Sitzkreis. Nun wählen Sie ein Kind aus. Dieses Kind darf sich in ein beliebiges Tier verwandeln und sich anschließend im Vierfüßlerstand in die Mitte hocken. Das Kind schließt nun die Augen und bekommt einen Wecker oder eine kleine Uhr auf seinen Rücken gelegt. Bestimmen Sie durch einen Fingerzeig, welches Kind aus dem Sitzkreis nun die Uhr vom Rücken des Kindes nehmen darf. Hierbei muss das Kind besonders leise sein und vorsichtig schleichen, um möglichst unerkannt zu bleiben. Sobald der Uhrendieb wieder auf seinem Platz sitzt, versteckt es die Uhr hinter seinem Rücken und auch alle anderen Kinder im Kreis verschränken die Hände hinter dem Rücken. Gemeinsam rufen sie nun: „Du hast verschlafen!" Dies ist das Signal für das Tier, aufzuwachen. Es kann nun zu einem beliebigen Kind aus dem Kreis gehen und dieses fragen: „Hast du meinen Wecker stibitzt?" Das verdächtigte Kind nimmt nun die Hände nach vorne und präsentiert entweder die Uhr oder verneint die Frage. Das Tier in der Mitte hat nun drei Versuche, um den Uhrendieb herauszufinden. Anschließend wird gegebenenfalls aufgelöst und das nächste Tier für die Mitte ausgesucht.

Dieses Spiel kann beliebig lang weiter gespielt werden.

Abschlussphase: Fingerspiel „Hinter den Bergen"

Wenn die Sonne aufgeht, öffnen Sie Ihre Faust zur Hand und lächeln beim zweiten Satz die Kinder freundlich an. Bei den singenden Vöglein bewegen Sie Ihre Finger auf und ab und zum Schluss kitzeln Sie Ihren eigenen Bauch.

Hinter den Bergen geht die Sonne auf. *[Die Faust langsam öffnen]*

Die Sonne strahlt und sieht sehr freundlich aus. *[mit ausgestreckten Fingern winken und dabei die Kinder anlächeln]*

Die Amseln singen und freuen sich auch. *[Finger zappeln hoch und runter]*

Und kitzeln dich an deinem kleinen süßen Bauch. *[sich selbst am Bauch kitzeln]*

Nach dem Fingerspiel können Sie bei Bedarf noch ein Abschlusslied aus Ihrem Repertoire singen und den Morgenkreis offiziell beenden.

Herbst

APFEL

Dauer: 20 Minuten

Teilnehmeranzahl: bis 30 Kinder

Ort: im Gruppenraum

Material: pro Gruppe je einen Apfel

Ziele: Bewusstes Wahrnehmen, Bewegung-Lern-Verbindung, Motivation zur Kommunikation, Teamfähigkeit, Motorik, Körpergefühl

Inhalt: Lied, Gruppenspiel, Lied

Hinführungsphase: Fingerspiel „Apfelbäumchen"

Ihre eine Hand ist der Apfelbaum, die andere ist der Pflaumenbaum. Ihre Finger zeigen jeweils nach oben. Wenn der Wind kommt, wackeln Sie mit den Fingern immer fester. Zum Schluss fallen Ihre Hände nach unten.

Das ist ein Apfelbäumchen, *[Finger der linken Hand zeigen nach oben]*
Das ist ein Pflaumenbaum. *[Finger der rechten Hand zeigen ebenfalls nach oben]*
Sie hängen voller Früchte,
Man sieht die Blätter kaum.
Da kommt der Wind geblasen *[die Hände anpusten]*
Hu, der zaust sie sehr, *[Finger leicht zappeln lassen]*
Hu, das ist nicht zum Spaßen,
Er zaust sie immer mehr. *[Finger zappeln etwas mehr]*
Hu jetzt wird's immer bunter, *[Finger zappeln wild]*
Und holterdiepolter geschwind
Plumpst alles gute Obst herunter. *[Hände fallen nach unten]*

Durchführungsphase: Gruppenspiel „Apfeltransporter"

Teilen Sie die Kinder in zwei Gruppen auf. (Falls Sie mit einer größeren Anzahl an Kindern spielen, können Sie auch mehrere Gruppen bilden.) Anschließend stellen sich die Gruppen jeweils hintereinander in einer Reihe auf. Die beiden Kinder, die jeweils vorne in der Reihe stehen, bekommen nun einen Apfel. Diesen Apfel müssen sie zu dem Kind, das hinter ihnen steht, weiterreichen. Dieses Kind gibt den Apfel jeweils auch nach hinten weiter, bis der Apfel beim letzten Kind angekommen ist. Dieses Kind legt den Apfel in eine Schale oder auf einen Tisch. Die Gruppe, die den Apfel schneller bis nach hinten transportiert hat, hat gewonnen.

Diese Runde ist die Aufwärmrunde und wird problemlos und schnell funktionieren. Für die nächsten Runden können Sie die Regeln verändern. Ein paar Vorschläge für den Apfeltransport sind beispielsweise:

- Der Apfel muss mit geschlossenen Augen weitergegeben werden
- Der Apfel darf nur mit der rechten/linken Hand weitergegeben werden
- Der Apfel darf nur auf einem Bein stehend weitergegeben werden
- Der Apfel darf nicht mit den Händen weitergegeben werden

Abschlussphase: Reim „Der Apfel“

Siehst du im Baum den Apfel *(Die linke Hand vor den Körper halten und zur Faust ballen)*
mit roten Backen glüh'n, *(die Faust langsam nach links und rechts eindrehen)*
hoch an dem hohen Zweige *(die Faust hoch in die Luft strecken)*
im allerhöchsten Grün?
Der Gärtner hat ihn vergessen, *(Zeige- und Mittelfinger der rechten Hand ausstrecken und in Richtung der Faust laufen lassen)*
ach nein, vergessen kaum!
Er konnt ihn nur nicht brechen, *(die rechte Hand streckt sich langsam in die Höhe)*
saß viel zu hoch im Baum! *(die rechte Hand streckt sich ganz hoch bis zur Faust, ohne diese zu berühren)*
Anschließend das Lied noch einmal singen und hierbei die Rollen der Hände tauschen, damit beide Körperhälften gestreckt werden.

Nach dem Reim können Sie den Morgenkreis offiziell beenden.

KÜRBIS

Dauer: 20 Minuten

Teilnehmeranzahl: bis 15 Kinder

Ort: im Gruppenraum

Material: Kürbisschablonen, Würfel und Stifte (je 1 pro Kind), Motivtafel

Ziele: Bewusstes Wahrnehmen, Bewegung-Lern-Verbindung, Motivation zur Kommunikation, Kreativität, Feinmotorik

Inhalt: Lied, Kreativangebot, Fingerspiel

Hinführungsphase: Geschichte „Der kleine wütende Geist“

REQUISITEN:

- ✓ zehn kleine weiße Papiergeister (als Geister)
- ✓ zehn kleine Stoffreste (als Bettdecken)
- ✓ eine leere Zewarolle mit Spitze und aufgemalter Uhr (als Burgturm)
- ✓ Ketten (zum Rasseln)
- ✓ eine Tür aus Papier (zum Quietschen)
- ✓ ein gruseliges Gesicht aus Papier (als Fratze)

ERZÄHLUNG: DER KLEINE WÜTENDE GEIST

https://bit.ly/3xDyRJW
Link oder QR-Code
zum Audio-Guide

(Zunächst die Zewarolle auf den Boden oder den Tisch stellen und die Papiergeister darum herum legen.) In einer alten, verlassenen Burg lebten einmal zehn Geister. Wie es sich für waschechte Geister gehörte, schliefen sie tagsüber natürlich tief und fest in ihren Betten. Doch nachts, wenn die große Turmuhr Mitternacht schlug, erwachten die kleinen frechen Gespenster und trieben ihr Unwesen. Manche rasselten mit Ketten *(mit den Ketten klimpern),* andere quietschten mit Türen *(die Papiertür hin und her bewegen und dabei bei Bedarf quietschende Geräusche*

machen) und wieder andere schnitten gruselige Grimassen *(das gruselige Papiergesicht hochhalten)* und erschreckten sich gegenseitig. *„Was waren das für spukig-schöne Nächte?"*, freuten sich alle Geister – alle, bis auf einen kleinen Geist *(einen Papiergeist nehmen und in die Luft halten).* Der kleine Geist mochte das ganze Gespuke nicht, doch wobei – eigentlich mochte er es schon, er konnte es nur leider nicht sonderlich gut. Wann immer der kleine Geist versuchte, mit den Ketten zu rasseln, verhedderte er sich in ihnen *(den kleinen Geist auf den Boden legen und die Ketten auf ihn legen).* Wann immer er eine Tür quietschen lassen wollte, klemmte er sich die Finger *(die Papiertür auf den Geist legen und leise „Aua" rufen).* Und wenn er die anderen Gespenster mit einer Grimasse erschrecken wollte *(nochmals das gruselige Papiergesicht hochhalten),* lachten diese bloß und riefen: *„Das sieht ja niedlich aus!"* Niedlich! Welches Gespenst wollte denn niedlich aussehen? Gruselig – *ja.* Furchterregend – *ja.* Zum Schreien – *ja.* Aber niemals und auf gar keinen Fall „niedlich". Traurig lag der kleine Geist in seinem Bett *(alle Geister wieder auf den Boden legen und mit den kleinen Stoffresten zudecken).* Die Turmuhr hatte noch nicht geschlagen, aber er wusste, dass gleich Mitternacht sein würde. Kurz vor dem ersten Glockenschlag flog er aus seinem Bett, schwebte zu einem anderen Geist *(den kleinen Geist zu einem beliebigen anderen Geist fliegen lassen)* und zog eine fürchterliche Grimasse. Als das andere Gespenst blinzelte und den kleinen Geist mit seiner süßen Grimasse sah, musste es leise kichern *(den zweiten Geist bewegen und leise kichern).* Plötzlich wurde der kleine Geist so wütend, dass er hoch in die Luft flog *(den kleinen Geist hoch in die Luft halten)* und laut und wütend aufheulte. *„Gemeinheit!!!!"*, jaulte er mit gespenstischer Stimme und verzog dabei sein Gesicht. In diesem Moment schlug die große Turmuhr Mitternacht. Als die anderen Gespenster das fürchterliche Jaulen und die Glocken der Turmuhr hörten, blickten sie hinauf und sahen hoch über sich eine schrecklich gruselige Fratze. Die Geister erschraken fürchterlich, flogen wild durcheinander und rissen ängstlich die Augen auf *(die restlichen Geister wild umherbewegen).* Als der kleine Geist das sah, musste er vor Freude und Erstaunen laut lachen *(den kleinen Geist zurück auf den Boden bewegen und dabei laut „hahaha" machen).* Endlich hatte er es geschafft, die anderen auch einmal zu erschrecken. Nun erkannten auch die anderen Gespenster den kleinen Geist und ihre Angst war verflogen, sie waren stolz auf die Spukkünste des kleinen Geistes und klatschten anerkennenden Beifall. Seitdem freuten sich alle Gespenster auf Mitternacht – auch der kleine Geist.

Durchführungsphase: Kreativangebot „Kürbis würfeln“

Vorbereitung:

Bereiten Sie für dieses Spiel bereits vorab eine Motivtafel vor. Hierfür eignet sich eine Tafel, ein großes Poster oder mehrere DIN-A4-Blätter.

Zeichnen Sie zunächst ein Auge auf. Darunter malen Sie die Würfelzahlen von 1 bis 6. Für jede Zahl überlegen Sie sich nun eine Art von Augen. Als Hilfestellung bei der Ideenfindung können Sie sich an verschiedenen geometrischen Formen oder Größenverhältnissen orientieren.

Sobald Sie für jede Zahl eine Augenoption gemalt haben, verfahren Sie mit der Nase und dem Mund genauso.

So entstehen drei Rubriken (Augen, Nase, Mund) mit jeweils sechs Würfeloptionen.

Durchführung:

Für das Spiel bilden die Kinder einen Sitzkreis, während Sie gut sichtbar die Motivtafel aufstellen oder die verschiedenen Motivblätter auslegen. Verteilen Sie an jedes Kind je eine Kürbisschablone, einen Würfel und einen Stift.

Nun darf jedes Kind dreimal würfeln. Beim ersten Wurf würfelt es die Augen für seinen Kürbis. Die Würfelzahl gibt hierbei vor, welche Art von Augen es seinem Kürbis malen darf. Beim zweiten Wurf erwürfelt es die zu malende Nase und beim dritten Wurf den Mund.

Den fertigen Kürbis können die Kinder nach Beendigung des Morgenkreises noch nach Belieben anmalen und verschönern.

Abschlussphase: Reim „Bunte Blätter“

Ihre zappelnden Finger sind die Blätter, die sich zuerst langsam nach unten bewegen. Beim Wind wirbeln Ihre Finger wild durcheinander, um beim letzten Absatz wieder langsam nach unten zu sinken.

Bunte Blätter fallen vom Baum, *[Finger zappeln von oben nach unten]*
schweben langsam, man hört es kaum.
Plötzlich trägt der Wind sie fort, *[Finger zappeln schnell hin und her]*
wirbelt sie von Ort zu Ort.
Wie sie flattern, wie sie fliegen,
sinken – und am Boden liegen. *[Finger zappeln langsam von oben nach unten]*

Nach dem Fingerspiel können Sie den Morgenkreis offiziell beenden.

HERBSTLAUB

Dauer: 20 Minuten

Teilnehmeranzahl: bis 20 Kinder

Ort: im Kindergarten-Garten und Gruppenraum

Material: Herbstlaub, Musik

Ziele: Bewusstes Wahrnehmen, Bewegung-Lern-Verbindung, Motivation zur Kommunikation, Motorik, Naturkunde, Entwicklung der eigenen Neugier, Meinungsbildung

Inhalt: Lied, Bewegungsangebot, Bewegungsspiel

Hinführungsphase: Lied „Der Herbst ist da“

Der Herbst, der Herbst, der Herbst ist da
Er bringt uns Wind, hei hussassa!
Schüttelt ab die Blätter, bringt uns Regenwetter
Heia hussassa, der Herbst ist da!

Der Herbst, der Herbst, der Herbst ist da
Er bringt uns Obst, hei hussassa!
Macht die Blätter bunter, wirft die Äpfel runter
Heia hussassa, der Herbst ist da!

Der Herbst, der Herbst, der Herbst ist da,
Er bringt uns Wein, hei hussassa!
Nüsse auf den Teller, Birnen in den Keller
Heia hussassa, der Herbst ist da!

Der Herbst, der Herbst, der Herbst ist da
Er bringt uns Spaß, hei hussassa!
Rüttelt an den Zweigen, lässt die Drachen steigen
Heia hussassa, der Herbst ist da!
Heia hussassa, der Herbst ist da!

Songtext von Der Herbst ist da © Public Domain

Durchführungsphase: Bewegungsangebot „Blättersuche“

Die Kinder gehen im Garten auf Blättersuche. Hierbei stehen die freie Entfaltung und das uneingeschränkte Entdecken im Vordergrund. Es gibt einen offenen Suchauftrag, welcher lautet: „Suche 4 bis 6 Herbstblätter, die dir besonders gut gefallen.“ Es steht den Kindern also frei, ganz nach ihrem Geschmack, Blätter aufgrund ihrer Form, Farbe oder Größe auszusuchen. Dies fördert die Entwicklung der eigenen Neugier, steigert die Bildung des eigenen Geschmacks und hilft den Kindern dabei, sich individuell und unabhängig von äußerlichen Vorgaben zu entfalten.

Sobald jedes Kind Blätter gesammelt hat, können Sie diese bei Bedarf im Sitzkreis vorstellen lassen oder einfach zum „Blättertanz“ übergehen.

Abschlussphase: Bewegungsspiel „Blättertanz“

Stellen Sie nun die Musik an. Besonders geeignet ist klassische Musik mit Tempowechsel und ohne Text. Die Kinder können nun ihre Blätter in die Hände nehmen und sich frei zu der Musik bewegen. Dabei sollen Sie das umherwehende Herbstlaub simulieren.

Halten Sie die Kinder an, besonders gut auf die Musik zu hören. Ist die Melodie schnell und dynamisch, können die Blätter schon mal wild umherwirbeln. Ist die Musik eher ruhig, segeln die Blätter ganz friedlich im Wind. Sobald die Musik ganz verstummt, ist der Wind weg und die Blätter fallen langsam zu Boden, sodass sich die Kinder ganz ruhig auf den Boden legen.

Nach diesem Bewegungsspiel können Sie noch ein Abschlusslied aus Ihrem Repertoire singen und anschließend den Morgenkreis offiziell beenden.

HUND', KATZ' & MAUS

Dauer: 20 bis 25 Minuten	
Teilnehmeranzahl: bis 20 Kinder	
Ort: im Kindergarten-Garten und Gruppenraum	
Material: 3 bis 4 kleine Stoffmäuse, ein Vogelhäuschen	
Ziele: Bewusstes Wahrnehmen, Zuhören, Feinmotorik, Kreativität, Bewegung-Lern-Verbindung, Motivation zur Kommunikation	
Inhalt: Geschichte, Bewegungsangebot, Fingerspiel	

Hinführungsphase: Erzählung „Du bist gut so, wie du bist“

https://bit.ly/3QYQxX9
Link oder QR-Code
zum Audio-Guide

Ein kleiner Junge namens Felix wohnte mit seinen Eltern und seiner Schwester Lina in einem großen Haus, nahe an einem Wald. Doch Moment, da fehlte noch jemand – ihr Hund Pepe. Pepe war ein toller Hund, er war weiß mit grauen Flecken, hatte große braune Augen und einen langen, zotteligen Schwanz. Es gab nur ein Problem mit Pepe – er war irgendwie ganz anders als alle anderen Hunde, die Felix und Lina kannten. Andere Hunde tollten wild im Park umher – Pepe lag lieber zu Hause auf der Fensterbank und sonnte sich. Andere Hunde holten freudig einen Ball zum Werfen – Pepe spielte lieber allein mit einem Wollknäuel. Andere Hunde suchten sich Stöckchen und zerknabberten das Holz – Pepe kratzte an Baumstämmen und versuchte, hinaufzuklettern. Andere Hunde legten sich auf den Rücken, ließen sich den kitzeligen Bauch kraulen und kratzten sich dann mit der Pfote. Pepe kam zum Kuscheln am liebsten auf den Schoß und begann, zu schnurren, sobald man ihn streichelte. Andere Hunde knurrten, wenn sie Gefahr witterten – Pepe machte einen ganz runden Rücken und fauchte, sobald er sich fürchtete. Doch der größte Unterschied zwischen anderen Hunden und ihrem Pepe war ihr Verhalten, sobald jemand an der Haustür klingelte. Andere Hunde bellten, doch Pepe miaute! *„Ein komischer Hund!“*, sagte Papa eines Abends, als Pepe wieder einmal auf Felix‘ Schoß lag und zu schnurren begann. *„Er benimmt sich so seltsam und ganz anders, als andere Hunde es tun!“*, pflichtete Mama ihm bei. Felix und Lina bekamen große Augen. *„So ein Blödsinn!“*, rief Felix laut. *„Nur* *weil Pepe anders ist, ist das doch nicht falsch!"*, betonte Felix. *„Pepe ist der beste Hund der Welt!"*, unterstützte Lina ihren Bruder. *„Er ist etwas ganz Besonderes!"*, riefen die Geschwister laut und kraulten Pepe am Kinn. *„Miau!"*, machte Pepe zufrieden und schnurrte noch etwas lauter.

Durchführungsphase: Bewegungsangebot „Die Mäuse-Familie"

Die Kinder sitzen im Sitzkreis, während Sie aus einem kleinen Körbchen oder Karton nach und nach die kleinen Stoffmäuse herausholen und vor das Vogelhäuschen setzen. Erklären Sie den Kindern, dass, ganz ähnlich wie in der Geschichte, ja nun der Herbst kommt und die Mäuse ein warmes und gemütliches Zuhause brauchen. Lassen Sie die Kinder ein paar Ideen sammeln, was die Mäuse noch für ihr kuscheliges Heim brauchen könnten. Anschließend gehen Sie gemeinsam in den Garten und suchen dort nach geeigneten Einrichtungs- und Ausstattungsobjekten. Vielleicht ein besonders schönes Blatt als Teppich, ein Stück Baumrinde als Bett und etwas Moos als Bettzeug? –der Fantasie sind keine Grenzen gesetzt.

Abschlussphase: Fingerspiel „Die Mäusefamilie"

Unterstützend zu diesem Reim können Sie erneut die Stoffmäuse zeigen.
Formen Sie mit den Händen ein Dach. Zeigen Sie nun dem Kind alle fünf Finger und tippen Sie passend zum Text den jeweiligen Finger an, beginnend mit dem Daumen. Zum Schluss krabbeln Sie mit allen Fingern über den Arm des Kindes.

Komm her, ich denk mir etwas aus *[die Hände formen ein Dach]*
und zeige dir ein Mäusehaus.
Fünf Mäuse wohnen hier allein, *[alle fünf Finger leicht zappeln lassen]*
die finden dieses Haus sehr fein.
Die Erste ist die faule Maus, *[den Daumen antippen]*
schaut immer nur zum Fenster raus.
Die Zweite ist der Mäusekoch, *[den Zeigefinger antippen]*
rührt in der Suppe immer noch.
Die Dritte macht die Wohnung rein, *[den Mittelfinger antippen]*
das kann sie wirklich sehr, sehr fein.
Die Vierte denkt sich etwas aus, *[den Ringfinger antippen]*
ja, das ist unsre schlaue Maus.
Die Fünfte, unsere Kleine, *[den kleinen Finger antippen]*
macht gern die Schuhe reine.
Alle Fünf, sie krabbeln munter, *[alle fünf Finger zappeln lassen]*
die lange Treppe rauf und runter. *[alle Finger krabbeln den Arm des Kindes hoch und runter]*

Nach diesem Fingerspiel können Sie bei Bedarf noch ein Abschlusslied aus Ihrem Repertoire singen und anschließend den Morgenkreis offiziell beenden.

HERBSTZWERGE

Dauer: 20 Minuten

Teilnehmeranzahl: bis 25 Kinder

Ort: im Gruppenraum

Material: 3 bis 4 Zwerge, ein Vogelhaus

Ziele: Bewusstes Wahrnehmen, Bewegung-Lern-Verbindung, Motivation zur Kommunikation, Fantasie, Kreativität, Motorik, Körpergefühl

Inhalt: Lied, Bewegungsangebot, Motorikspiel

Hinführungsphase: Lied „Der Zwerg“

Oben auf des Berges Spitze *(mit einem Finger hoch in die Luft zeigen)*
sitzt ein Zwerg mit seiner Mütze. (beide Arme über den Kopf strecken und eine Zipfelmütze über dem Kopf formen)
Wackelt hin und wackelt her, *(mit der Mütze nach links und rechts wogen)*
lacht ganz laut und freut sich sehr. *(lachen)*
Reibt sich seine Hände, *(die Handinnenflächen aneinander reiben)*
klopft auf seinen Bauch, *(mit einer Hand sanft auf den Bauch klopfen)*
und stampft mit den Füßen, *(mit den Füßen stampfen)*
klatschen kann er auch! *(in die Hände klatschen)*
Fasst sich an die Nase *(mit einer Hand an die Nase fassen)*
und springt froh herum, *(auf der Stelle hüpfen)*
hüpft dann wie ein Hase, *(klein machen wie ein Hase und auf allen vieren hopsen)*
plötzlich fällt er um. *(vorsichtig auf den Boden fallen lassen)*

Durchführungsphase: Bewegungsangebot „Zwerge“

Dieses Spiel kann die Kinder über einen längeren Zeitraum begleiten und individuell fortgeführt und vertieft werden. Zu Beginn stellen Sie ein kleines Häuschen oder eine Höhle auf. Gut geeignet ist hierfür zum Beispiel ein kleines Vogelhaus.

In dieses Haus dürfen nun Herbstzwerge einziehen. Doch die Zwerge kommen natürlich nicht einfach so, sondern müssen angelockt werden. Dafür können die Kinder das Haus nach Belieben mit Naturmaterialien, Bildern oder anderen Schätzen schmücken.

Sobald das Zwergenheim fertig ist, können Sie die Zwerge einziehen lassen. Doch Achtung: Zwerge sind kleine, süße, aber eben auch freche Wesen, die gerne den einen oder anderen

Quatsch machen. Sie können beispielsweise zu Beginn einen Brief im Namen der Zwerge schreiben, in dem die Zwerge erklären, dass sie sich heute versteckt hätten. Fordern Sie die Kinder dazu auf, die Zwerge nun zu suchen und wieder zurück in das Zwergenhaus zu bringen.

Sie können die Zwergenaktivität täglich variieren, die Zwerge neu verstecken, Briefe schreiben oder kleine Streiche spielen lassen, wie zum Beispiel die Hausschuhe vertauschen oder die Gruppenraum-Uhr verstellen.

Dieser tägliche Zwergenzauber macht den Kindern jeden Tag aufs Neue viel Spaß.

Abschlussphase: Motorikspiel „Zehenspaß“

Für dieses Motorikspiel sitzen die Kinder im Kreis, ziehen ihre Hausschuhe aus und wackeln so gut sie können mit den Zehen. Dabei können Sie folgenden Reim aufsagen:

Zwei Füße sagen sich „Guten Tag!“,
macht alle mit, wer's von euch mag.
Sie wackeln beide mit den Zehen,
weil sie sich so gut verstehen.
Die Füße neigen sich zur Erde
und laufen fort dann wie zwei Pferde.
Danach schauen sie sich beide an,
weil einer den anderen gut leiden kann.
Und geben sich dann noch zum Schluss,
einen langen Abschiedskuss.

Nach diesem Motorikspiel können Sie den Morgenkreis offiziell beenden.

EICHHÖRNCHEN

Dauer: 20 bis 25 Minuten

Teilnehmeranzahl: bis 15 Kinder

Ort: im Kindergarten-Garten (ersatzweise im Park/Wald)

Material: ein Pappbecher als Eichhörnchen, verschieden große Holzscheiben, ein Würfel, verschiedene Nussarten

Ziele: Bewusstes Wahrnehmen, Bewegung-Lern-Verbindung, Motivation zur Kommunikation, Motorik, Feinmotorik, Kreativität, lösungsorientiertes Denken

Inhalt: Bewegungsspiel, Spiel, Rätsel

Hinführungsphase: Bewegungsspiel „Hallo"

Die Kinder bilden zunächst einen Kreis. Nun soll sich jedes Kind eine Begrüßungsart überlegen, mit der es die anderen Kinder an diesem Morgen begrüßen möchte. Diese kann an eine Fortbewegungsart geknüpft sein, eine besondere Geste darstellen oder vielleicht in einer anderen (ausgedachten) Sprache stattfinden. Vielleicht möchte sich ein Kind kriechend oder krabbelnd durch den Raum bewegen und den anderen Kindern „Hallo" sagen, während ein anderes Kind die anderen schlicht durch Winken oder Abklatschen begrüßen möchte.

Bei diesem Begrüßungsspiel kann jedes Kind sich entsprechend seiner Natur und seine Art einbringen, ohne vom gemeinschaftlichen Druck überfordert zu werden.

Sobald jedes Kind eine Idee hat, können Sie ein offizielles Startsignal geben und die große Begrüßungsrunde geht los.

Durchführungsphase: Spiel „Das fleißige Eichhörnchen"

Vorbereitung:

Zunächst müssen Sie das Eichhörnchen basteln: Hierfür malen Sie einen Pappbecher braun an. Kleben Sie zwei Ohren an die Seiten und einen Schwanz auf die Rückseite. Bekleben Sie es zum Schluss mit zwei Wackelaugen und malen Sie Nase, Mund und Zähne auf. Malen Sie nun die Silhouette einer Nuss auf jede Holzscheibe und beschriften Sie nun die Holzscheiben je nach Größe mit den Zahlen von 1 bis 6.

Durchführung:

Sobald die ersten Blätter von den Bäumen fallen und die Tage kühler und dunkler werden, merken auch die Tiere, dass der Herbst gekommen ist. Viele Tiere bereiten sich nun auf die kalte Jahreszeit und den nahenden Winter vor und legen Wintervorräte an.

Auch das Eichhörnchen ist den lieben langen Tag auf der Suche und sammelt fleißig so viele Nüsse wie möglich, um im Winter genügend Futter zu haben.

Während die Kinder im Sitzkreis sitzen, stellen Sie nun das Eichhörnchen (den vorbereiteten Pappbecher) in die Mitte und legen die Nüsse (beschriftete Holzscheiben) aus. Ein Kind darf beginnen und den Würfel würfeln. Je nach gewürfelter Zahl sucht es nun eine der gleichwertigen Nüsse (Holzscheiben) aus und legt diese auf das Eichhörnchen (den Pappbecher). Im Anschluss darf das nächste Kind würfeln und ebenfalls die entsprechende Nuss obenauf stapeln. So können Sie weiter verfahren und herausfinden, wie viele Nüsse das Eichhörnchen tragen kann, bevor der Stapel zusammenbricht.

Abschlussphase: Rätsel „Leckere Herbstschätze“

Um wie das fleißige Eichhörnchen zu sein, können Sie abschließend verschiedene Nüsse in den Kreis legen oder an die Kinder verteilen. Doch wie kommen die Kinder an die leckeren Nusskerne heran? Können Sie die Nüsse aufbeißen wie ein Eichhörnchen? Brauchen Sie Werkzeuge dazu? Oder finden Sie eine andere Möglichkeit, die Nüsse zu knacken?

Diese Abschlussaufgabe können Sie auch über den Morgenkreis hinaus laufen lassen und erst im Abschlusskreis gemeinschaftlich resümieren, welche Lösungen die Kinder gefunden und wie ihnen die geknackten Nüsse geschmeckt haben.

DRAUßEN IM HERBST

Dauer: 20 Minuten
Teilnehmeranzahl: bis 20 Kinder
Ort: im Kindergarten-Garten
Material: Schnur, Laub, Tannenzapfen
Sie können den Morgenkreis auch im Gruppenraum durchführen, wenn Sie die benötigten Materialien vorab selbst suchen und den Kindern dann zur Verfügung stellen.
Ziele: Bewusstes Wahrnehmen, Bewegung-Lern-Verbindung, Motivation zur Kommunikation, Feinmotorik, Konzentration
Inhalt: Kreisspiel, Kreativangebot, Spiel

Hinführungsphase: Kreisspiel „Das hungrige Reh“

Für dieses Spiel setzen sich die Kinder in einen Sitzkreis. Nun bestimmen Sie ein Kind, das zum Reh wird und kurz den Raum verlassen muss. Anschließend suchen Sie ein Kind aus, das zum Brombeerstrauch wird. Sobald beide Rollen verteilt sind, rufen Sie gemeinsam das Reh in den Kreis. Das Reh darf nun zu einem beliebigen Kind gehen und sagen: „Hallo, ich bin das Reh und wer bist du?“ Das gefragte Kind antwortet, indem es das Reh begrüßt und seinen Namen nennt. Sobald das Reh jedoch das Kind anspricht, das diese Runde der Brombeerstrauch ist, antwortet dieses Kind: „Hallo Reh, ich bin der Brombeerstrauch.“ Nun springen alle Kinder auf und tauschen ihre Sitzplätze. Das Kind, das zuvor der Brombeerstrauch war, ist nun das Reh und eine neue Runde kann beginnen.

Durchführungsphase: Bastelangebot „Herbst-Girlande“

Gehen Sie gemeinsam mit den Kindern auf Schatzsuche im Garten. Hier verstecken sich viele tolle und teils auch bunte Herbstschätze, wie Blätter und Tannenzapfen. Sammeln Sie zusammen eine vielfältige Auswahl an verschiedenen Naturmaterialien. Anschließend können die Kinder kleine Löcher in die Blätter machen und diese auf die Schnur auffädeln. Auch die Tannenzapfen können eingewickelt und eingeknotet werden. Zum Abschluss können Sie die Girlanden in dem Gruppenraum aufhängen und so eine eigene und naturbelassene Herbstdekoration kreieren.

Abschlussphase: Suchspiel „Zapfenkönig“

Sammeln Sie gemeinsam mit den Kindern für das Abschlussspiel so viele Tannenzapfen, wie sie finden können. Falls in Ihrem Garten nur wenige Tannenzapfen vorhanden sind, können Sie bereits vorab schon einige Zapfen in einem Wald suchen und den Kindern nun zur Verfügung stellen. Achten Sie hierbei darauf, dass die Kinder die Zapfen nicht vorab zählen, sondern einfach gemeinschaftlich auf einem großen Haufen sammeln. Nun darf ein Kind beginnen und sich einen Zapfen vom Haufen nehmen. Nacheinander darf nun reihum jedes Kind sich je einen Tannenzapfen nehmen. Der Haufen wird immer kleiner werden und das Kind, das den allerletzten Zapfen nehmen darf, ist dann der Zapfenkönig oder die Zapfenkönigin und hat gewonnen.

Nach dem Suchspiel können Sie noch ein Abschlusslied aus Ihrem Repertoire singen und anschließend den Morgenkreis offiziell beenden.

ZUGVÖGEL

Dauer: 20 Minuten

Teilnehmeranzahl: bis 20 Kinder

Ort: im Gruppenraum

Material: -

Ziele: Bewusstes Wahrnehmen, Bewegung-Lern-Verbindung, Motivation zur Kommunikation, Motorik, Körpergefühl, Konzentration

Inhalt: Spiel, Bewegungsangebot, Fingerspiel

Hinführungsphase: Spiel „Stille Post mit Herbstvögeln"

Die Kinder bilden einen Sitzkreis. Nun beginnen Sie, indem Sie einem Kind den Namen eines Vogels in das Ohr flüstern. Hierbei ist es wichtig, dass nach Möglichkeit kein anderes Kind diesen Vogelnamen hört. Das Kind flüstert nun wiederum seinem Sitznachbarn den Vogel in das Ohr und so weiter. Sobald das Wort wieder bei Ihnen angekommen ist, können Sie (oder wahlweise das letzte Kind der Reihe) den Vogel laut bei seinem Namen nennen. Kam der richtige Vogel an oder hat sich der Vogelname unterwegs „verflogen"?

Als Spielvariante für größere Kinder können Sie die Gruppe auch in zwei Teams einteilen und den Vogelnamen im zeitlichen Wettrennen durch die Reihe flüstern lassen. Hierbei gewinnt die Gruppe, die den Begriff am schnellsten und vor allem richtig bis zum hintersten Kind weitergeben konnte.

Durchführungsphase: Bewegungsangebot „Wildgänse"

Sobald der Sommer sich dem Ende neigt und der Herbst beginnt, kann man beobachten, wie die Zugvögel in den Süden ziehen. Die Störche fliegen bis nach Afrika und die aus den arktischen Regionen stammenden Wildgänse kommen zum Überwintern sogar zu uns nach Deutschland. Doch wie genau läuft so eine Reise ab? Fordern Sie die Kinder auf, sich frei im Raum zu verteilen. Jedes Kind wird nun zu einer Wildgans und gemeinsam starten sie ihre Reise. Leiten Sie hierfür die Kinder in einer Art Bewegungsgeschichte an. So können die Gänse zu Beginn beispielsweise frieren, da die Temperaturen fallen und es kälter wird. An dieser Stelle können die Kinder überlegen, wie sie dieses Frieren darstellen könnten. Vielleicht bibbern oder zittern sie oder schlagen mit den Flügeln, um sich aufzuwärmen. Anschließend schütteln die Gänse ihre Flügel aus, schwingen sich kreisend in die Lüfte und schlagen kräftig mit den Flügeln. Sie gleiten durch die Luft, fliegen mal höher und mal tiefer, mal langsam und mal schneller. Vielleicht kommt noch ein kräftiger Herbstwind, der die Gänse mächtig durchschüttelt. In diesem Fall machen die Gänse eine gemeinschaftliche Pause, bevor sie sich wieder in die Luft begeben und weiterfliegen. Sobald Sie dann in einer wärmeren Gegend angekommen sind, setzen sie zur Landung an. Sie sind glücklich, aber auch müde und kaputt, genießen die Wärme und halten vielleicht sogar ein kleines Schläfchen. Bei dieser Bewegungsgeschichte gibt es bewusst keine Bewegungsvorgaben. Die Kinder sollen selbst kreativ die Szenen darstellen und sich in die Geschichte einfühlen. Sie können ganz individuell ihre Fantasie nutzen und sich gegebenenfalls auch von anderen Kindern inspirieren lassen.

Abschlussphase: Fingerspiel „Die Windmühle"

Ihre Hände bewegen sich hin und her.

Die Windmühle braucht Wind, Wind, Wind, *[Hände bewegen sich hin und her]*

Sonst geht sie nicht geschwind, schwind, schwind.

Das Korn wird Mehl, das Mehl wird Brot. *[rhythmisch in die Hände klatschen]*

Und Brot tut allen Menschen not!

Drum braucht die Mühle Wind, Wind, Wind, *[Hände bewegen sich hin und her]*

Sonst geht sie nicht geschwind, schwind, schwind!

Nach dem Fingerspiel können Sie den Morgenkreis offiziell beenden.

TIERE IM HERBST

Dauer: 20 bis 25 Minuten

Teilnehmeranzahl: bis 20 Kinder

Ort: im Gruppenraum

Material: Kastanien und Eicheln mit Löchern, Herbstgegenstände, Bänder, Scheren

Ziele: Bewusstes Wahrnehmen, Bewegung-Lern-Verbindung, Motivation zur Kommunikation, Motorik, Erinnerungsvermögen, Konzentration

Inhalt: Klanggeschichte, Kreativangebot, Rätselspiel

Hinführungsphase: Erzählung „Zusammen sind wir stark"

REQUISITEN:

- ✓ eine Maulwurffigur (als Maulwurf Momo)
- ✓ einen Stachelball (als Igel Ina)
- ✓ eine kleine Vogelfigur (als Spatz Oli)
- ✓ etwas Erde (als Maulwurfhaufen)
- ✓ viel grünen Stoff (als Wiese mit hohem Gras)

ERZÄHLUNG: ZUSAMMEN SIND WIR STARK

https://bit.ly/3ScEQOh
Link oder QR-Code
zum Audio-Guide

(Zunächst den grünen Stoff auf dem Boden oder einem Tisch ausbreiten und die Erde am Rand zu einem kleinen Haufen türmen.) Ein kleiner Maulwurf hat sich gerade von seinen Eltern verabschiedet. *„Tschüss Mama, tschüss Papa!"*, ruft er noch einmal in den Maulwurfshügel, bevor er losmarschiert (die Maulwurffigur von der Erde ausgehend langsam ein Stückchen über den grünen Stoff laufen lassen). Der kleine Maulwurf heißt Momo. Momo möchte gerne die Welt entdecken und sich auf eine spannende Abenteuerreise machen. Munter läuft er über eine Wiese, mal übersieht er ein Loch und stolpert, mal übersieht er eine Pfütze und bekommt nasse Füße (die Maulwurffigur weiter über den grünen Stoff laufen lassen und dabei die Figur ruhig mal im Kreis laufen oder umkippen/stolpern lassen). Momo ist ein Maulwurf und die sehen über der Erde halt nicht allzu gut, doch das stört den kleinen Entdecker gar nicht (nun den Stachelball an beliebiger Stelle auf dem Stoff platzieren und die Maulwurffigur dagegenlaufen lassen). *„Au"*, ruft Momo plötzlich. Mit seinen Pfoten ist er in etwas Spitzes, Stacheliges getreten. *„Aua!"*, murmelt da auch die Stachelkugel. Momo kneift die Augen zusammen und schaut angestrengt hin. Oje, vor ihm auf der Wiese sitzt ein kleiner Igel. *„Oh entschuldige!"*, stottert Momo, *„Das war keine Absicht. Ich sehe sehr schlecht". „Nicht schlimm, nichts passiert!"*, murmelt der Igel leise. *„Ich bin Momo"*, stellt sich der Maulwurf vor. *„Und wer bist du?"*, fragt er den Igel. *„Ich bin Ina"*, murmelt der Igel wieder ganz leise. *„Warum flüsterst du denn so?"*, fragt Momo. Lange ist es still. Dann antwortet Ina zaghaft: *„Also, na ja … ich bin ziemlich ängstlich." „Das ist doch nichts Schlimmes!"*, beteuert Momo. *„Möchtest du mit mir zusammen in die Welt ziehen?"*, fragt Momo. Ina überlegt, dann sagt sie vorsichtig: *„Ja, gerne. Zu zweit ist es leichter als alleine." „Das stimmt"*, sagt Momo, *„Du kannst mir helfen, den richtigen Weg zu sehen, und ich passe dafür auf dich auf." „Tolle, Idee. Abgemacht!"*, sagt Ina und gemeinsam laufen die beiden weiter (die Stachelkugel und die Maulwurffigur gemeinsam weiter über den grünen Stoff laufen lassen).

Kurze Zeit später flüstert Ina plötzlich: *„Halt, bleib stehen, Momo. Da bewegt sich etwas im hohen Gras!"* Schützend stellt sich Momo vor Ina, die sich zu einer kleinen Stachelkugel zusammenrollt (den Stachelball und den Maulwurf abrupt anhalten und anschließend den Maulwurf vor dem Stachelball positionieren). Langsam kommt das Rascheln näher und plötzlich steht ein kleiner, frech grinsender Spatz vor ihnen (die Vogelfigur über den grünen Stoff bewegen und zum Stachelball und Maulwurf führen). *„Hallo"*, sagt der Spatz. *„Ich bin Oli, der Spatz. Habt ihr vielleicht einen Weg heraus aus diesem hohen Gras gesehen?"*, fragt er Momo und Ina. Die beiden schütteln den Kopf. *„Nein, leider nicht. Aber wieso fliegst du nicht einfach auf den Baum dort drüben? Dann siehst du doch, wo du lang musst?!"*, fragt Momo Oli. Oli wird etwas rot und beginnt, zu stottern, als er antwortet: *„Ich, also ich … Ich kann nicht fliegen." „Ach so, das ist doch nichts Schlimmes"*, sagt Momo. Und Ina pflichtet ihm bei: *„Fliegen wäre mir eh zu gefährlich. Viel zu hoch!" „Möchtest du vielleicht mit uns zusammen weiterreisen?"*, fragt Momo den kleinen Spatz. Oli überlegt nicht lange. *„Spatztastsisch"*, zwitschert er fröhlich und die drei Freunde ziehen los (den Vogel, den Maulwurf und den Stachelball nun gemeinschaftlich über den grünen Stoff wandern lassen und schließlich an den Rand des Stoffes führen). Es dauert gar nicht lange und sie haben zusammen den Ausweg aus dem hohen Gras gefunden. *„Das war super!"*, zwitschert Oli. *„Ja, wir sind ein klasse Team"*, sagt Momo. Und Ina ruft: *„Zusammen sind wir stark!" „Auf ins nächste Abenteuer?"*, fragt Momo. *„Auf ins nächste Abenteuer"*, rufen Ina und Oli und zusammen ziehen die drei Freunde los (die drei Figuren langsam ein Stück von dem Stoff entfernen und so den Beginn einer neuen Geschichte andeuten).

Durchführungsphase: Kreativangebot „Herbstketten basteln“

Vorbereitung:

Sammeln Sie (oder an einem vorherigen Tag gemeinsam mit den Kindern) Kastanien, Nüsse, Eicheln etc. und bohren Sie mit Hilfe eines Bohrers oder einer kleinen Bohrmaschine Löcher hindurch.

Durchführung:

Die Kinder bilden einen Sitzkreis, in dessen Mitte Sie nun die vorbereiteten Kastanien, Eicheln und Co. legen. Verteilen Sie nun an jedes Kind ein Band.

Im folgenden Verlauf darf jedes Kind nach seinen eigenen Wünschen eine einzigartige Herbstkette basteln und kreieren. Hierbei gibt es keinerlei Vorgaben, sodass jedes Kind seine eigenen Fantasien und Vorlieben umsetzen und ausleben kann.

Abschlussphase: Rätselspiel „Unter der Decke“

Für das Abschlussspiel bilden die Kinder einen Sitzkreis. In die Mitte des Kreises legen Sie nun verschiedene Herbstgegenstände, wie beispielsweise eine Kastanie, eine Eichel, Moos, ein großes Kastanienblatt, einen Holzpilz, einen Stoffigel oder Ähnliches auf den Boden.

Fordern Sie die Kinder nun auf, dass sie sich alle Gegenstände genau ansehen und gut einprägen sollen. Nun wählen Sie ein Kind aus, das kurz den Raum verlässt oder die Augen schließt. Bestimmen Sie dann ein Kind, das sich einen Gegenstand aus der Mitte nehmen darf und diesen unter einer bereitgelegten Decke verstecken soll. Rufen Sie gemeinsam das fehlende Kind zurück in den Kreis.

Dieses Kind muss nun durch Erinnern versuchen, herauszufinden, welcher Gegenstand in der Mitte fehlt. Sobald es einen Tipp abgegeben hat, können Sie das Rätsel auflösen und die Decke anheben.

Das Kind, das zuvor einen Gegenstand aus der Mitte genommen hat, darf als Nächstes raten.

Nach dem Rätselspiel können Sie noch ein Abschlusslied aus Ihrem Repertoire singen und anschließend den Morgenkreis offiziell beenden.

WIE FÜHLT SICH DER HERBST AN?

Dauer: 20 bis 25 Minuten
Teilnehmeranzahl: bis 20 Kinder
Ort: im Gruppenraum
Material: Kartons/ Kisten, Klebeband, Schere, Herbstmaterialien
Ziele: Bewusstes Wahrnehmen, Bewegung-Lern-Verbindung, Motivation zur Kommunikation, Feinmotorik, Tastsinn, Fantasie, innere Ruhe
Inhalt: Traumreise, Rätsel, Lied

Hinführungsphase: Kinderyoga-Mitmachgeschichte „Der Herbstspaziergang"

Der Herbstspaziergang

QR-Code oder Link zur Audio-Datei

https://bit.ly/3Tj4p0s

Für unseren Herbstspaziergang gehen wir raus in die Natur. Auf unserem Spaziergang fallen uns zuerst die riesigen **Bäume** auf und wir beobachten, wie sich ihre **Äste** im Wind bewegen. Unser Blick wandert von den Bäumen weiter über die **Farne** am Wegesrand bis hin zur Blumenwiese, die in der Ferne von der **Sonne** angelacht wird. Als wir näherkommen, bemerken wir, wie viele Blumen hier draußen in der Natur sind, und uns fällt auf, dass eine schöner als die andere ist. Auf den Blüten der Blumen sitzen wunderschöne **Schmetterlinge** – manche sind blau, andere rot und wieder andere haben lustige Punkte. Am Himmel über uns fliegt ein **Flugzeug**, das große Tragflächen hat. Das Flugzeug wird immer kleiner, je länger wir es verfolgen, und verschwindet schließlich hinter einem großen **Berg** gänzlich.

Durchführungsphase: Rätsel „Fühlkisten"

Vorbereitung:

Befüllen Sie mehrere Kisten/Kartons mit Herbstmaterial, wie beispielsweise Eicheln, Kastanien, Blätter, Tannenzapfen etc. Nun verschließen Sie die Kartons mit Klebeband und schneiden ein Loch hinein. Das Loch sollte möglichst klein sein, sodass die Kinder nicht so leicht hineinschauen können, aber groß genug, damit eine Kinderhand hineinpasst.

Durchführung:

Stellen Sie die vorbereiteten Fühlkisten jeweils auf einen Tisch und erklären Sie den Kindern, dass sie ihre Hand hineinstecken und nur mit Hilfe des Tastsinns erraten sollen, was genau sich in der jeweiligen Kiste befindet.

Hierbei ist es nicht erlaubt, anderen den eigenen Verdacht vorzusagen oder Gegenstände aus den Kisten herauszunehmen. Des Weiteren darf man nicht in die Kisten hineinschauen oder sie hochheben und schütteln.

Wenn jedes Kind jede Kiste entdecken konnte, finden sich die Kinder wieder im Sitzkreis ein und Sie können gemeinsam die Ideen besprechen und die Kisten zur Auflösung des Rätsels öffnen.

Abschlussphase: Lied „Hejo, spann den Wagen an"

Hejo, spann den Wagen an,
seht, der Wind treibt Regen übers Land!
Holt die goldnen Garben,
holt die goldnen Garben!

Nach dem Lied können Sie den Morgenkreis offiziell beenden.

Winter

TIERE IM WINTER

Dauer: 20 bis 25 Minuten

Teilnehmeranzahl: bis 20 Kinder

Ort: im Kindergarten-Garten

Material: Musik, Decke, Laub, ein Honigtopf oder -glas

Ziele: Bewusstes Wahrnehmen, Bewegung-Lern-Verbindung, Motivation zur Kommunikation, Motorik, Körpergefühl

Inhalt: Kreisspiel, Bewegungsangebot, Kreativangebot

Hinführungsphase: Kreisspiel „Der Bär wacht auf"

Die Kinder bilden einen Kreis und verschränken die Hände hinter dem Rücken. Stellen Sie nun den Honigtopf in die Mitte. Anschließend suchen Sie ein Kind aus, das den Raum verlässt und in seine Bärenhöhle geht. Sobald der Bär den Raum verlassen hat, bestimmen Sie einen Honig-Dieb, der den Honigtopf aus der Mitte stibitzt und hinter seinem Rücken versteckt.

Rufen Sie gemeinsam mit den Kindern den hungrigen Bären in den Kreis. Der Bär geht nun auf Honigsuche und fragt ein Kind, ob es seinen Honig geklaut hat. Das gefragte Kind zeigt seine leeren Hände und verneint. Auf der Suche nach seinem Honig kann der Bär drei Kinder befragen. Findet er in der Zeit den Honig, hat der Bär es geschafft und die Runde ist zu Ende. Falls der Bär es nicht schafft, den Honigdieb zu finden, wird das Rätsel aufgelöst und der Bär bleibt hungrig.

Der Honigdieb dieser Runde kann dann in der nächsten Runde den Bären spielen.

Durchführungsphase: Bewegungsspiel „Winterschlaf"

Der Igel ist ein Tier, das die niedrigen Temperaturen nicht so gern mag. Deshalb frisst er sich vorher ordentlich Winterspeck an, sucht sich einen großen Blätterhaufen und startet bei Kälteanbruch in einen langen und tiefen Winterschlaf.

Bei diesem Bewegungsspiel werden die Kinder zu kleinen Igeln und können sich frei zur Musik bewegen. Stoppen Sie nun unerwartet die Musik. Sobald die Musik verstummt ist und die Stille des Winters einsetzt, müssen alle kleinen Igel in den Winterschlaf gehen. Hierfür legen sie sich möglichst schnell auf den Boden und rollen sich ein. Legen Sie nun eine Decke über eines der Igelkinder. Die restlichen Kinder dürfen jetzt aufstehen und müssen erraten, welches Igelkind noch unter der Decke schlummert. Sobald die Schlafmütze benannt wurde, können Sie die Musik wieder starten und eine neue Runde beginnen.

Abschlussphase: Kreativangebot „Blätterhaufen bauen"

Nachdem die Kinder selbst zu kleinen Igeln wurden, können sie nun den echten Igeln dabei helfen, einen gemütlichen Winterschlaf zu verbringen. Gehen Sie mit den Kindern hinaus in den Garten und lassen Sie die Kinder, falls noch kein Schnee liegt, Laub sammeln und gemütliche Blätterhaufen bauen.

Nach der Bauphase können Sie noch ein Abschlusslied aus Ihrem Repertoire singen und den Morgenkreis danach offiziell beenden oder direkt in das freie Spiel übergehen lassen.

KALTER WINTER

Dauer: 25 Minuten

Teilnehmeranzahl: bis 10 Kinder

Ort: im Gruppenraum

Material: Ausstechförmchen aus Metall, Wachsplatten, Docht, Metallspieß, Schere, Winterkleidung der Kinder

Ziele: Bewusstes Wahrnehmen, Bewegung-Lern-Verbindung, Motivation zur Kommunikation, Motorik, Gedächtnis, Neugier

Inhalt: Mitmachgedicht, Kreativangebot, Rätselspiel

Hinführungsphase: Traumreise „Durch die Jahreszeiten'

Der Tag ist vergangen und du hast viele Dinge erlebt. Einiges war neu für dich und anderes altbekannt. In manchen Situationen hast du dich sicher und gut gefühlt, andere haben sich vielleicht weniger gut angefühlt. Aber jetzt in diesem Moment sind sie alle nicht mehr wichtig. Heute Abend darfst du alle Gedanken an den vergangenen Tag loslassen und dich vollkommen von ihnen freimachen. Stelle dir dafür eine Uhr vor, die du in den Händen hältst. Es ist ganz egal, ob du eine Uhr mit Zeigern vor dir hast oder eine mit Ziffern. Es ist auch nicht wichtig, ob du die Uhr schon lesen kannst oder nicht. Du brauchst nur zu wissen, dass in deiner Uhr ein magisches Kästchen verborgen ist. Öffne das Kästchen und lege all deine Erinnerungen an den Tag hinein – die weniger guten, die guten, die, bei denen du aufgeregt warst, und die, in denen du dich sicher gefühlt hast. Lege auch die Gespräche hinein, die du heute geführt hast, und alles, was du heute gespielt hast. Wenn du all deine Gedanken an den heutigen Tag in deinem Uhrkästchen verstaut hast, schließe es wieder. Siehst du das kleine Rädchen am Rande deiner Uhr? Wenn du zweimal daran drehst, verschiebst du all deine Gedanken deines heutigen Tages auf morgen. Einmal drehen. Und ein zweites Mal. Nun sind deine Gedanken sicher auf den morgigen Tag verlegt. Für heute darfst du sie vollkommen loslassen. Öffne das Kästchen ein weiteres Mal. Siehst du? Deine magische Uhr hat deine Gedanken von heute auf morgen verschoben. Lege die Uhr nur noch nicht beiseite. Denn du brauchst sie für das, was du jetzt vorhast. Vielleicht kennst du schon die unterschiedlichen Jahreszeiten. Heute machst du dich auf zu einer Reise durch die Jahreszeiten. Sie werden dir all ihre besondere Schönheit zeigen und dich ganz und gar entspannen. Lege dafür eine Kette um deine Uhr. Nun kannst du sie dir um den Hals hängen und musst sie nicht in der Hand tragen. Schließe deine Augen und umfasse mit deinen Fingern das kleine Rädchen am Rand deiner Uhr. Drehe es zehnmal in deine Richtung. Eins ... Zwei ... Drei ... Vier ... Fünf ... Sechs ... Sieben ... Acht ... Neun ... Zehn. Siehst du, wie sich deine Umgebung während deiner Zeitreise geändert hat? In deinen Gedanken liegst du nicht mehr in deinem Bett. Auch, wenn du die Wärme und das Wohlgefühl deines Bettes noch immer in dir trägst, stehst du nun auf einem ganz und gar freien Feld. Rund um dich herum ist nichts weiter zu sehen als ein einziger Baum. Mache dich langsam auf den Weg zu dem Baum und nimm wahr, was du um dich herum entdecken kannst. Du bist im Winter gelandet und der Schnee unter deinen Füßen strahlt in einem wunderschönen hellen Weiß. Er ist vollkommen unangetastet, so, als ob noch nie irgendjemand vor dir an diesem Ort gewesen ist. Wann immer du einen Schritt in die Schneedecke setzt, hörst du das Knarzen des zusammensackenden Schnees unter deinen Füßen. Drehe dich doch noch einmal um, um zu schauen, wie du deine Fußspuren setzt. Du weißt, dass alles, was du auf dieser Welt tust, ebensolche Spuren hinterlässt. Jedem, der dich lachen hört, klingt dein Lachen noch lange in den Ohren nach. An Gespräche mit dir werden deine Gesprächspartner sich noch sehr lange erinnern können, andere Kinder werden wissen, wie du mit ihnen gespielt hast. Alles, was du tust, hat eine Wirkung – das siehst du auch an deinen Fußspuren, die du hier und jetzt im Schnee hinterlässt. Und es ist ganz besonders schön und wichtig, dass du auf dieser Welt bist. Gehe nun noch ein Stückchen dichter an den Baum heran. Siehst du, dass er völlig kahl und frei von Blättern ist? Für den Winter braucht er all seine Kraft. Es wird ihm leichtfallen, im Frühling neue Blätter zu zaubern. Doch der Stamm muss besonders gut geschützt sein. Weil es im Winter aber sehr kalt ist und die Sonne nicht so wärmend scheint wie im Sommer, musste der Baum all seine Kraft und Energie seinem Stamm schenken. So kann er überleben und die kalte Zeit überstehen.

Auch dir und deinem Körper geht es ganz genauso. Es kommen Zeiten, in denen alles um dich herum schwerer ist als in anderen Zeiten. Dann gilt es, ganz besonders gut auf dich aufzupassen – ganz genauso, wie der Baum vor dir es tut. Kümmere dich darum, dass es dir gut geht. Lasse alles, was dich belastet, von dir abfallen, wie die Blätter des Baumes. Pass gut auf dich auf und nutze die Energie und Kraft, die du hast, für das, was dir guttut. Du bist ein Baum und du darfst alles, was dich belastet, ganz einfach abschütteln und vollkommen leicht werden. Spüre einmal die Rinde des Baumes. Fühlst du, wie der Baum ganz kräftig und stark vor dir steht? Die Stärke des Baumes schwappt auch auf dich über, denn auch du bist kräftig und stark, wie dieser Baum. Schau dir die Rinde ganz genau an. Sie besteht aus vielen, vielen Rillen und keine einzige Zeichnung der Rinde gleicht einem anderen Baum. Dein Baum ist vollkommen einzigartig – ganz genau, wie du es bist. Auch dich gibt es nur ein einziges Mal auf der Welt, genau wie diesen Baum. Siehst du auch, dass der Baum an der einen oder anderen Stelle kleine Verletzungen davongetragen hat? Gehe dafür um ihn herum und entdecke die kleinen Stellen, aus denen Baumharz ausdringt. Fühle, wie es sich klebrig unter deinen Fingern anfühlt. Es ist ganz bitter und zeigt, dass der Baum an diesen Stellen Dinge erlebt hat, die ihn so gemacht haben, wie er jetzt ist. Bei dir ist es ganz genauso. Auch du hast Dinge erlebt, über die du traurig oder wütend warst. Sie haben dabei geholfen, dich zu dem zu machen, was du jetzt bist. Und ganz genauso wie der Baum trägst du diese Erfahrungen immer mit dir. Und trotzdem stehst du aufrecht und stark da – wie der Baum, der vor dir steht.

Lass uns schauen, wie der Baum in der nächsten Jahreszeit aussieht. Drehe dafür deine Uhr weitere zehn Umdrehungen in deine Richtung. Eins ... Zwei ... Drei ... Vier ... Fünf ... Sechs ... Sieben ... Acht ... Neun ... Zehn. Hast du gesehen, wie sehr dein Baum sich verändert hat? Der Schnee um ihn herum ist geschmolzen und der Boden erstrahlt nun in einem satten Grün. Du riechst den Duft des frisch wachsenden Grases. Es riecht süßlich und angenehm frisch. An deinem Baum sind kleine, neue Blätter gewachsen. Sie sehen noch klein und jung aus. Dennoch wirkt dein Baum jetzt viel prächtiger, kräftiger und fülliger. Er ist so voller neuer Energie und Kraft. Er hat einen harten Winter überstanden und steht nun in seiner ganzen Pracht da. Genauso stolz wie der Baum bist auch du. Wann immer du eine Probe in deinem Leben geschafft hast, darfst auch du dich stolz und prächtig fühlen. Du darfst zeigen, was du geschafft hast, und dich selbst daran erfreuen. Schaue einmal hoch in die Zweige. Siehst du, dass ein Vogel sein Nest gebaut hat? Er brütet nun die nächsten Vögel aus. Dein Baum ist zum Helfer geworden. Er hat seine Blätter als Schutz des Nestes aufgestellt. Die Vögel, die schon bald aus ihren Eiern schlüpfen werden, dürfen sich in seinem Schutz vollkommen sicher und geborgen fühlen. Wenn du weißt, was du alles kannst, kannst auch du anderen zur Vertrauensperson werden. Du bist großartig und wundervoll und du darfst anderen zeigen, was du alles kannst. Auch sie werden sich dann in deiner Nähe sicher fühlen. Ganz genauso darfst du aber auch eines der kleinen Vögelchen sein, welches Schutz sucht. Du darfst dir Menschen suchen, denen du vertraust. Du darfst zeigen, wenn du jemanden an deiner Seite brauchst, und dich ihm anvertrauen. Denn du bist ebenso wie ein starker Baum auch ein kleines Vögelchen, welches Hilfe braucht, um gut wachsen zu können.

Es wird Zeit, dass du die nächste Jahreszeit kennenlernst. Drehe das Rädchen deiner Uhr weitere zehn Male und atme währenddessen die herrliche Frühlingsluft tief ein. Eins ... Zwei ... Drei ... Vier ... Fünf ... Sechs ... Sieben ... Acht ... Neun ... Zehn. Spürst du die sommerliche Hitze, die sich über dich und deinen Baum gelegt hat? Das Gras um dich herum ist zwischenzeitlich höher gewachsen. Aber es ist auch ein wenig bräunlich geworden. Auch die Blätter an deinem Baum sind nun ganz groß, doch sie wirken ein wenig trockener als im Frühling. Du spürst, dass dein Baum eine schöne, doch anstrengende Zeit hat. Er braucht Wasser, um sich wirklich gut fühlen zu können. Auch du musst gut darauf achten, dass du zu jeder Zeit das bekommst, was deinen Körper mit neuer Energie versorgt. Ruhe dich aus, wenn du erschöpft bist, esse und trinke, wenn dein Körper es braucht. Der Baum, der vor dir steht, ist ein Überlebenskünstler. Selbst, wenn es sehr lange nicht regnet, kann er durch seine tiefen Wurzeln das Wasser aus dem Boden aufnehmen. Er zieht es von ganz tief unten zu sich hinauf und kann sich somit versorgen. Du bist ebenso stark. Du bist in der Lage, Kraft und Energie zu schöpfen, wenn die Zeiten auch anstrengend sein mögen. Du bist ein wundervolles Kind und du darfst auf dich aufpassen, damit es dir ebenso gut geht wie dem Baum, dessen Rinde du noch immer berührst. Schaue noch einmal dorthin, wo das Nest des Frühlings ist. Siehst du, dass es zwischenzeitlich ganz leer ist? Dein Baum hat der kleinen Vogelfamilie ein sicheres Zuhause geschenkt, bis die Kleinen alt genug waren, um die Welt zu erkunden. Auch du bist wie eines der Vogelkinder. Jeden Tag lernst du Neues und jeden Tag machst du neue Erfahrungen. Vergiss nicht, dass du immer einen Ort hast, an dem du sicher sein und dich geborgen fühlen kannst – ganz genauso wie die Vögel, die nach jedem Abenteuer in den sicheren Baum zurückgekehrt sind, bis sie schließlich groß genug waren, um sich zurechtzufinden. Spüre noch eine Weile, wie sich die warme Sommersonne auf deiner Haut anfühlt. Spürst du, wie die Strahlen dich sanft streicheln und deinen ganzen Körper wärmen? Du spürst, wie du langsam ganz schläfrig wirst. Die Sonne wärmt sich angenehm und dein Körper ist ganz schwer, während deine Gedanken ganz leicht und frei sind.

Erkunde nun die letzte Jahreszeit, indem du das Rädchen an deiner Uhr weitere zehn Male drehst. Eins ... Zwei ... Drei ... Vier ... Fünf ... Sechs ... Sieben ... Acht ... Neun ... Zehn. Spüre den leichten, warmen Windhauch, der die warmen Strahlen der Sonne abgelöst hat. Es ist ein warmer, sonniger und schöner Herbsttag und die Farben deines Baumes haben sich vollkommen verändert. Er zeigt sich dir jetzt in seiner buntesten Pracht. Siehst du, dass die Blätter, die gerade noch grün waren, jetzt in bunten Farben leuchten? Sie sind gelb und rot und einige sind noch grün. Erkennst du auch das strahlende Orange einiger Blätter? Du kannst dich gar nicht sattsehen an den vielen, wunderschönen Farben deines Baumes. Spüre, wie die Rinde unter deinen Fingern sich noch immer ganz warm anfühlt. Dein Baum lebt von der Energie, die er gesammelt hat. Er bereitet sich langsam auf den Winter vor, hat aber die Energie in sich drinnen noch fest gespeichert. Mit jedem Regenschauer stillt er seinen Durst und füllt seinen Stamm mit neuer Kraft auf. Auch du hast die Möglichkeit, dich jeden Tag aufs Neue mit frischer Kraft zu füllen. Mache es wie der Baum. Erkenne all das Schöne, was das Leben dir bietet, und speichere es in dir ab. Siehe die schönen, bunten Farben, erkenne neue Düfte, spüre Neues unter deinen Fingern. Lerne neue Geschmäcker kennen und teste dich selbst aus. Wachse an dir selbst und an deinen Erfahrungen und speichere den Stolz auf dich selbst tief in dir ab. Denn dann hast du zu jeder Zeit die Möglichkeit, auf diesen Schatz aus Kraft und Energie zurückzugreifen – ganz genauso wie dein Baum, der in seiner ganzen Leuchtkraft vor dir steht.

Streiche ein letztes Mal über die Rinde deines Baumes, bevor du deine Uhr in die entgegengesetzte Richtung drehst. Du brauchst nicht jede einzelne Umdrehung rückgängig machen, denn deine magische Uhr weiß ganz genau, in welche Zeit sie dich zurückbringen muss. Drehe also das Rädchen einige Male, bis du wieder in deinem Bett liegst. Spüre die Decke, die dich wie die Blätter deines Baumes zudecken. Spüre das Kissen, das sich anfühlt wie das Nest, welches in der Baumkrone war. Spüre die Matratze, in die du einsinkst, wie die Wurzeln des Baumes in der Erde. Du bist fest mit der Erde verankert und gleichzeitig hast du die Möglichkeit, hoch hinauszuwachsen, wie die Zweige des Baumes, die in den Himmel ranken. Spüre die Schwere und die Ruhe, die der Baum auf dich übertragen hat. Du weißt, dass er fest und stetig am gleichen Ort steht. Auch du darfst jetzt ganz einfach sein, genauso wie dein Baum. Halte deine Augen geschlossen und schlafe ein. Gehe langsam hinüber ins Land der Träume, aus dem du neue Kraft für den morgigen Tag schöpfen kannst. Gute Nacht, Jahreszeitenwandler.

Durchführungsphase: Kreativangebot „DIY-Kerzen“

Winterzeit ist auch Kerzenzeit. Das warme Kerzenlicht, das Flackern der kleinen Flamme – Kerzen strahlen direkt Behaglichkeit und Gemütlichkeit aus.

Für dieses Kreativangebot darf sich jedes Kind eine Keksausstechform aussuchen und bekommt einen Stapel Wachsplatten. Nun können die Kinder mit Hilfe des Ausstechers die Form aus den Wachsplatten ausstechen und zu einem Turm aufstapeln.

Mit Hilfe eines Metallspießes können Sie nun den Turm mittig mit einem Loch durchziehen. Im Anschluss können die Kinder den Dochtfaden durch die Löcher ziehen und die Wachsplatten wieder zu einem Turm auffädeln. Zum Schluss noch verknoten und den Docht auf die richtige Länge kürzen.

Die fertigen Kerzen können Sie beispielsweise zum Morgenkreis in der Adventszeit anzünden oder bei einem winterlichen Kerzenfest nutzen.

Abschlussphase: Spiel „Winterkleidung“

Die Kinder bringen ihre Wintersachen, wie Schals, Jacke, Mütze und Handschuhe, mit in den Kreis. Suchen Sie zunächst ein Kind aus, das nun zum Schneemann wird. Dieses Kind zieht all seine Winterkleidung an und stellt sich mittig in den Kreis. Die restlichen Kinder prägen sich nun bestmöglich ein, wie der Schneemann gekleidet ist. Anschließend schließen alle Kinder der Gruppe die Augen und Sie verändern ein Detail am Schneemann. Hierfür können Sie den Schal anders umbinden, einen Handschuh ausziehen oder die Mütze falsch herum aufsetzen.

Wenn Sie mit der Veränderung fertig sind, können Sie die Kinder bitten, die Augen wieder zu öffnen. Die Kinder sollen nun überlegen, welches Detail am Schneemann anders ist als zuvor. Das Kind, das es richtig erraten hat, ist dann in der nächsten Runde der Schneemann.

Nach dem Spiel können Sie noch ein Abschlusslied aus Ihrem Repertoire singen und den Morgenkreis danach offiziell beenden.

SPAß IM SCHNEE

Dauer: 20 Minuten

Teilnehmeranzahl: bis 20 Kinder

Ort: im Gruppenraum

Material: Säckchen (1 pro Kind), Bohnen, Mais und Reis, Bänder

Ziele: Bewusstes Wahrnehmen, Bewegung-Lern-Verbindung, Motivation zur Kommunikation, Motorik, Feinmotorik, Fuß-Auge-Koordination

Inhalt: Fingerspiel, Kreativangebot, Bewegungsspiel

Hinführungsphase: Fingerspiel „Die Schlittenfahrt"

Fünf Brüder gehen durch den Wald, *[mit allen Fingern einer Hand zappeln]*

der Weg ist hart, die Luft ist kalt.

Der Erste sagt: „Oh, Bruder schau! *[mit dem Daumen wackeln, mit dem Zeigefinger der anderen Hand nach oben in den Himmel zeigen]*

Die Wolken hängen schwer und grau!"

Der Zweite sieht hinauf zur Höh': *[mit dem Zeigefinger wackeln]*

„Ich glaube", sagt er, „es gibt Schnee!" *[die andere Hand suchend über die Augen halten]*

Der Dritte schaut und ruft sodann: *[mit dem Mittelfinger wackeln]*

„Es fängt ja schon zu schneien an!" *[Finger der anderen Hand zeigen nach unten und zappeln]*

Der vierte hält die Hände auf *[mit dem Ringfinger wackeln]*

und da fällt weicher Schnee darauf. *[andere Hand wie eine kleine Schale aufhalten]*

Der Fünfte ruft: „Ich lauf nach Haus *[mit dem kleinen Finger wackeln]*

und hole unseren Schlitten raus. *[die andere Hand mit der Fläche nach unten vorhalten]*

Nun setzt euch drauf, ihr lieben Brüder *[mit allen fünf Fingern wackeln]*

und saust mit mir den Berg hernieder!" *[die andere Hand mit der Fläche nach unten hin und her bewegen]*

Durchführungsphase: Pinguin-Eier basteln

Der Winter ist kalt, dunkel und zeitweise begleitet von Eis und Schnee. Während einige Tiere den Winter durch einen ausgiebigen Winterschlaf oder eine Reise in den Süden umgehen, gibt es auch Tiere, die die kalte Jahreszeit sehr genießen. Eines dieser Tiere ist der Kaiserpinguin. Der Kaiserpinguin ist – auch wenn er nicht fliegen kann – ein Vogel und legt Eier. Diese Eier müssen trotz der Kälte schön warm ausgebrütet werden und dürfen nicht in Berührung mit dem kalten Eis kommen oder gar kaputtgehen.

Vorbereitung:

Stellen Sie auf drei Tischen jeweils eine Schale mit Bohnen, Reis oder Maiskörnern. Nun bekommt jedes der Kinder jeweils ein kleines Säckchen. Dieses Säckchen kann es nun nach eigenem Empfinden befüllen. Hierbei ist es egal, ob nur eine Sorte Füllung oder ein Mix aus Reis, Bohnen und Mais in dem Säckchen landet. Sobald das Säckchen befüllt ist, können die Kinder es mit einem Stück Schnur fest zusammenbinden und verknoten.

(Kleineren Kindern können Sie beim Verknoten helfen und es ist für das spätere Spiel zudem ratsam, auch den Sitz der selbstgemachten Knoten nochmals zu kontrollieren, damit kein Säckchen ungewollt während des Spiels aufgeht.)

Durchführung:

Wenn alle Säckchen verknotet sind, kann das Spiel starten. Die Kinder werden nun zu Pinguinen und die Säckchen zu zerbrechlichen Pinguin-Eiern. Markieren Sie einen Startpunkt, an dem die Pinguine gemeinschaftlich loswatscheln können, und legen Sie eine Decke in das Ziel. Nun müssen die Pinguine ihre Eier vorsichtig auf ihre Füße legen und sie behutsam vom Start in das Ziel transportieren. Hierbei dürfen die Eier weder runterfallen noch das Eis berühren. Sobald die Pinguine im Ziel angekommen sind, können sie ihre Eier vorsichtig in das Decken-Nest ablegen und anderen Pinguinen bei Bedarf helfen gehen.

Anmerkung: Falls ein Ei einmal doch auf das Eis rutscht, muss der Pinguin vor seinem Ei stehen bleiben und warten, bis ein anderer Pinguin ihm helfen kommt. Hierfür schiebt der Helfer-Pinguin das Ei vorsichtig mit seinen Füßen zurück auf die Füße des anderen Pinguins. Sobald das Ei sicher liegt, kann die Reise weitergehen.

Abschlussphase: Schneeengel im Schneeanzug

Wenn draußen Schnee liegt, gehen Sie mit den Kindern raus und lassen Sie die Kinder sich im Freien austoben, Schneeengel machen und den ersten Schnee genießen. Denken Sie an die richtige Ausrüstung für die Kinder.

Nach der Spielphase können Sie noch ein Abschlusslied aus Ihrem Repertoire singen und den Morgenkreis danach offiziell beenden oder direkt in das freie Spiel übergehen lassen.

DER SCHNEE KOMMT

Dauer: 20 bis 25 Minuten

Teilnehmeranzahl: bis 20 Kinder

Ort: im Gruppenraum

Material: Mehrere Schalen, Wasser, Eiswürfel, Schnee, laminierte Fäustlinge aus Tonkarton sowie ein Schneeball aus Tonkarton

Ziele: Bewusstes Wahrnehmen, Bewegung-Lern-Verbindung, Motivation zur Kommunikation, Feinmotorik, Tastsinn, Neugier, Teamfähigkeit, Vertrauen

Inhalt: Fingerspiel, Experimentierspiel, Spiel

Hinführungsphase: Fingerspiel „Fünf Schneeflocken"

Passend zum Text tippen Sie jeweils die entsprechende Körperstelle an.

Fünf Schneeflocken fallen auf die Erde nieder.
[Eine Hand hochhalten, leicht mit den Fingern zappeln]
Das erste Schneeflöckchen macht sich den Spaß *[mit dem Daumen wackeln]*
Und setzt sich mitten auf die Nas'. *[mit dem Daumen die Nasenspitze antippen]*
Das zweite Schneeflöckchen kommt sich ganz lustig vor *[mit dem Zeigefinger wackeln]*
Und setzt sich mitten auf das Ohr. *[und dann ans Ohr tippen]*
Das dritte Schneeflöckchen klettert sich hoch hinauf *[mit dem Mittelfinger wackeln]*
Und setzt sich auf das Köpfchen drauf. *[und auf den Kopf tippen]*
Das vierte Schneeflöckchen bleibt nicht lange, setzt sich auf die Wange
[mit dem Ringfinger wackeln]
Und bleibt dort auch nicht lange. *[und dann die Wange antippen]*
Das fünfte Schneeflöckchen meint, Schnee ist gesund *[mit dem kleinen Finger wackeln]*
Und setzt sich mitten auf den Mund! *[und zum Schluss den Mund antippen]*

Durchführungsphase: Experimentierspiel „Fühlen, Erleben und Entdecken"

Wasser, Eis, Schnee – im Endeffekt alles sehr ähnlich und dennoch gar nicht gleich.

Vorbereitung:

Bereiten Sie verschiedene Stationen vor. Stellen Sie hierfür auf je einen Tisch eine Schüssel und füllen Sie diese jeweils mit kaltem und warmem Wasser, mit Eiswürfeln und (falls Sie Glück haben und es gerade schneit) mit Schnee.

Durchführung:

Teilen Sie die Kinder in Teams ein (wahlweise können sich die Kinder auch eigenständig einen Partner aussuchen). Während ein Kind aus dem Team die Augen schließt, führt sein Teampartner es zu einer beliebigen Station. Mit geschlossenen Augen muss das Kind nun die Hände in die Schüssel legen und seinem Teamkollegen beschreiben, was genau es dort vermutet und wie genau es sich anfühlt. Nach dieser Station können die Teamkollegen die Rollen tauschen und zur nächsten Station übergehen.

Abschlussphase: Spiel „Der versteckte Schneeball"

Vorbereitung:

Schneiden Sie aus verschiedenfarbigem Tonkarton Fäustlinge aus und laminieren Sie diese ein. Geeignete Farben sind hierfür Mischfarben, wie Orange, Lila, Grün, Braun, Rosa oder helle Farben, die sich aus einer Grundfarbe und Weiß mischen lassen. Danach schneiden Sie noch aus weißem Tonkarton einen Schneeball aus und laminieren diesen ebenfalls ein.

Durchführung:

Für dieses Spiel bilden die Kinder einen Sitzkreis. In die Mitte des Kreises legen Sie nun die bunten Fäustlinge. Bitten Sie die Kinder, die Augen zu schließen. Verstecken Sie den Schneeball unter einem der Fäustlinge. Bitten Sie anschließend die Kinder, die Augen wieder zu öffnen. Verraten Sie den Kindern nun, welche zwei Farben sie mischen müssen, um den richtigen Fäustling zu finden, hinter dem der Schneeball versteckt ist.

Beispiel: Sie bitten die Kinder, ihre Augen zu schließen, und verstecken den Schneeball hinter dem grünen Fäustling. Nun können die Kinder die Augen wieder aufmachen und Sie verraten, dass der Schneeball hinter dem Fäustling ist, dessen Farbe sich aus Blau und Gelb mischen lässt. Das Kind, das nun die Antwort zu wissen glaubt, darf den Handschuh hochheben und darunter schauen, ob es richtig liegt.

Anmerkung: Falls Ihre Kinder die Farblehre schon gut beherrschen, kann nun das Kind, das richtig geraten hat, in der nächsten Runde den Schneeball verstecken und erklären, welche Farben man zur Lösungsfindung mischen muss. Falls die Kinder noch frisch in die Farblehre einsteigen, leiten Sie die Kinder als Spielleiter weiterhin durch das Spiel.

Nach dem Spiel können Sie noch ein Abschlusslied aus Ihrem Repertoire singen und den Morgenkreis danach offiziell beenden.

KÖNIG WINTER

Dauer: 20 bis 25 Minuten
Teilnehmeranzahl: bis 20 Kinder
Ort: im Gruppenraum und im Garten
Material: Watte, Vaseline, ein großer Kristall oder ein großer weißer Stein
Ziele: Bewusstes Wahrnehmen, Bewegung-Lern-Verbindung, Motivation zur Kommunikation, Körperkontakt, Kreativität, Fantasie
Inhalt: Teamspiel, Bewegungsangebot, Kreisspiel

Hinführungsphase: Teamspiel „Wattebart“

Die Winterzeit ist die Zeit der Bärte. Ob nun König Winter, der Nikolaus, der Weihnachtsmann oder der eigene Papa – es begegnen einem viele Menschen mit Bärten. Starten Sie den Morgenkreis mit einem kleinen, lustigen Scherz und werden Sie auch zu bärtigen Gestalten. Hierfür bilden die Kinder einen Sitzkreis, in dessen Mitte Sie zwei Haufen mit Watte und zwei Töpfchen mit Vaseline legen. Teilen Sie die Kinder in zwei Gruppen ein. Nun geht der Bart-Wettstreit los: Die Kinder sollen sich gegenseitig möglichst schnell etwas Vaseline an das Kinn tupfen und mit der Watte Bärte formen und diese an die Vaseline kleben.

Die Gruppe, die als Erstes mit Bärten dasteht, hat gewonnen.

Durchführungsphase: Bewegungsangebot „Ein Jahreszeiten-Tisch für König Winter“

Zu Beginn des Winters warten alle Kinder darauf, dass es endlich richtig kalt wird und vielleicht schon bald der erste Schnee fällt. Diesen Schnee bringt natürlich niemand anderes mit als der „König Winter“.

Damit der König Winter einzieht, bedarf es jedoch ein wenig Vorbereitung. Stellen Sie einen kleinen Tisch auf, auf den Sie eine weiße oder blaue Tischdecke legen. Wahlweise geht auch Papier in den gleichen Farben. Stellen Sie nun den Eisberg in Form des großen Kristalls oder eines weißen Steins auf den Tisch. Schon ist der Anfang gemacht. Doch damit der König Winter auch wirklich kommt, braucht es natürlich noch etwas mehr. Gehen Sie gemeinsam mit den Kindern in den Garten und suchen Sie zusammen nach Schätzen, mit denen Sie das Heim von König Winter noch ausschmücken können. Ob besonders schöne Steine, Blätter oder Tannenzapfen – alles ist als Deko geeignet. Wenn der Tisch fertig dekoriert ist, können Sie noch gemeinschaftlich einen Brief an den König Winter verfassen, in dem Sie ihn um einen baldigen Einzug bitten. Schon bald wird es kühler und mit etwas Glück zieht der König Winter mit viel Eis und Schnee bei Ihnen ein.

Abschlussphase: Kreisspiel „Verbreite dein Lächeln“

Zum Abschluss bilden die Kinder einen Kreis und schauen sich gegenseitig an. Ein Kind darf starten und schaut ganz bewusst ein anderes Kind an und lächelt. Dieses Kind lächelt nun zurück und sucht sich anschließend ebenfalls ein Kind, dem es intensiv in die Augen schaut und herzlich zulächelt. Auf diese Weise können die Kinder ein Lächeln durch den Sitzkreis schicken und den Morgenkreis fröhlich abschließen.

Nach dem Kreisspiel können Sie noch ein Abschlusslied aus Ihrem Repertoire singen und den Morgenkreis danach offiziell beenden.

FUTTER FÜR DIE WINTER-TIERE

Dauer: 25 Minuten
Teilnehmeranzahl: bis 20 Kinder
Ort: im Gruppenraum
Material: Vogelhaus, Vogelfutter, eine kleine Rassel
Ziele: Bewusstes Wahrnehmen, Bewegung-Lern-Verbindung, Motivation zur Kommunikation, Gehör, Kreativität, Vertrauen, Motorik
Inhalt: Fingerspiel, Kreativangebot, Spiel

Hinführungsphase: Fingerspiel „Unser Vogelhaus“

Jetzt wird es draußen kalt *(Umschlingen Sie mit beiden Armen Ihren Oberkörper)*
und weißer Schnee fällt bald. *(Ahmen Sie mit Ihren Händen das Rieseln von Schnee nach)*
Die Vögel fliegen hin und her *(Formen Sie Ihre Hände zu Flügeln, Hände fliegen lassen)*
und finden bald kein Futter mehr. *(Traurig schauen)*
Kommt, bauen wir ein Haus *(Mit den Fingerspitzen ein Dach über Ihrem Kopf formen)*
und streuen Futter darin aus, *(‚Streuen‘ Sie Futter aus)*
für unsre liebe Vogelschar,
so wie im vergangnen Jahr. *(Klatschen Sie in die Hände)*

Durchführungsphase: Winterschmaus für die Tiere

Die Winterzeit wird nicht grundlos die kalte Jahreszeit genannt. Die Sonne scheint weniger, die Tage werden dunkler und die Temperaturen fallen. Auch für unsere heimischen Tiere ist dies eine besondere Zeit. Während manche Winterschlaf machen oder in den Süden ziehen, bleiben die meisten Tiere jedoch hier und verbringen den Winter im kalten Deutschland. Vor allem Vögel sind auch weiterhin im eigenen Garten, in Parks und Wäldern zu finden. Damit diese Vögel auch während der Winterzeit genügend zu fressen finden, kann man unterstützend ein Vogelhaus aufstellen und geeignetes Vogelfutter hineinlegen. Suchen Sie gemeinsam mit den Kindern einen geeigneten Platz zum Aufstellen eines gemeinschaftlichen Vogelhauses. Anschließend können Sie es noch mit Futter befüllen und mit etwas Glück und Ruhe können die Kinder bereits kurze Zeit später die ersten Vögel darin beobachten.

Abschlussphase: Spiel „Vöglein komm“

Das Abschlussspiel können Sie wahlweise noch draußen oder je nach Wetterlage wieder im Innenraum spielen. Bestimmen Sie zwei Kinder, die die erste Runde spielen, während die restlichen Kinder mit ausreichend Abstand einen Kreis um das Team bilden. Nun bekommt ein Kind aus dem Team eine kleine Rassel (diese simuliert das Vogelfutter), während das andere Kind zum Vogel wird und die Augen schließt. Das Kind mit dem Vogelfutter sucht sich jetzt einen Platz im Kreis und schüttelt leise die Rassel bzw. das Vogelfutter. Der kleine Vogel muss sich nun ganz auf sein Gehör verlassen und sich langsam auf die Suche nach dem Futter machen. Die anderen Kinder achten während der Suche darauf, dass sich der Vogel nicht verfliegt oder verletzt. Sobald der Vogel sein Futter gefunden hat, können die Rollen an andere Kinder verteilt werden und eine neue Spielrunde kann starten. Nach dem Spiel können Sie noch ein Abschlusslied aus Ihrem Repertoire singen und den Morgenkreis danach offiziell beenden.

BÄUME IM WINTER

Dauer: 20 Minuten

Teilnehmeranzahl: bis 30 Kinder

Ort: im Gruppenraum

Material: Nadeln und Blätter verschiedener Winterbäume sowie Bilder mit den dazugehörigen Bäumen

Ziele: Bewusstes Wahrnehmen, Zuhören, Motivation zur Kommunikation, Naturkunde

Inhalt: Lied, Ratespiel, Geschichte

Hinführungsphase: Lied „O Tannenbaum"

O Tannenbaum, o Tannenbaum,
wie treu sind deine Blätter!
Du grünst nicht nur zur Sommerzeit,
nein, auch im Winter, wenn es schneit.
O Tannenbaum, o Tannenbaum,
wie treu sind deine Blätter!
O Tannenbaum, o Tannenbaum,
du kannst mir sehr gefallen!
Wie oft hat nicht zur Weihnachtszeit
ein Baum von dir mich hoch erfreut!
O Tannenbaum, o Tannenbaum,
du kannst mir sehr gefallen!
O Tannenbaum, o Tannenbaum,
dein Kleid will mich was lehren:
Die Hoffnung und Beständigkeit
gibt Trost und Kraft zu jeder Zeit,
o Tannenbaum, o Tannenbaum,
dein Kleid will mich was lehren.

Durchführungsphase: Ratespiel „Bäume-Quiz"

Die Kinder bilden einen Sitzkreis, in dessen Mitte Sie mehrere Schälchen gefüllt mit verschiedenen Tannennadeln und Blätter stellen.

Beginnen Sie nun damit, eine beliebige Schale durch den Kreis wandern zu lassen. Fordern Sie die Kinder dazu auf, vorsichtig die Nadeln zu berühren, die Farbe und Form zu studieren und an ihnen zu riechen. Sobald die Schüssel wieder bei Ihnen angekommen ist, können die Kinder Vermutungen äußern, zu welchem Baum die Nadeln/Blätter gehören könnten. Lösen Sie das Rätsel auf, indem Sie das Bild vom dazugehörigen Baum in die Luft halten und allen zeigen.

Anmerkung: Falls die Kinder keinen Verdacht haben, können Sie das Bild auch schon vorab als weiteren Hinweis zeigen.

Abschlussphase: Fingerspiel „Tanzender Adventskranz"

Das sind vier Kerzen von unserem Kranz. *[vier Finger wackeln]*
Sie laden ein zum Weihnachtstanz.
Die Erste, sie verbeugt sich tief *[Zeigefinger macht eine Verbeugung]*
und sagt zu den anderen: „Macht doch mit!"
Die Zweite, sie ziert sich und traut sich dann *[Mittelfinger wackelt]*
Und nimmt die Dritte an die Hand. *[Mittel- und Ringfinger wackeln]*
Auch die Vierte steigt mit ein *[mit den anderen wackelt nun auch der kleine Finger mit]*
und tanzt mit allen dann gemein. *[alle vier Finger zappeln]*
Sie wackeln alle in Saus und Braus. *[alle vier Finger zappeln]*
Nun pusten wir alle ganz schnell aus. *[auf die Finger pusten, eine Faust machen]*

Nach der Geschichte können Sie noch ein Abschlusslied aus Ihrem Repertoire singen und den Morgenkreis danach offiziell beenden.

DER SCHNEEMANN

Dauer: 20 Minuten

Teilnehmeranzahl: bis 20 Kinder

Ort: im Gruppenraum

Material: Zahnstocher, Marshmallows, Lebensmittelfarbstifte

Ziele: Bewusstes Wahrnehmen, Bewegung-Lern-Verbindung, Motivation zur Kommunikation, Kreativität, Feinmotorik

Inhalt: Fingerspiel, Kreativangebot, Erzählung

Hinführungsphase: Fingerspiel „Schneemann bauen"

5 Kinder wollen einen Schneemann machen *(mit den Fingern drei Kugeln zeigen)*
Der soll den Garten bewachen *(den Zeigefinger heben und eine drohende Gebärde machen)*
Der Erste rollt aus Schnee einen Kloß *(mit den Armen eine imaginäre Kugel rollen)*
Der Zweite macht den Bauch so groß *(mit einer Hand übe den Bauch reiben)*
Der Dritte baut eine Kugel als Kopf *(mit den Fingern auf den Kopf zeigen)*
Der Vierte holt als Hut einen Topf *(die Hände über den Kopf heben und einen Hut formen)*
Der Fünfte schleicht in den Keller auf leisen Sohlen *(mit dem Zeigefinger auf die Lippen tippen und Schleichen andeuten)*
Um Kohlen für Mund und Augen zu holen *(mit den Fingern den Mund und die Augen antippen)*
Und zum Schluss bekommt der kalte Wicht,
eine Möhre in sein Gesicht. *(mit den Fingern auf die Nase zeigen)*
Fertig!

Durchführungsphase: Kreativangebot „Süße Schneemänner"

Die Kinder setzen sich an einen großen Gruppentisch. Wahlweise können Sie auch mehrere kleine Gruppentische nutzen.

Verteilen Sie nun mittig auf den Tischen ein paar Marshmallows, Zahnstocher und Lebensmittelfarbstifte. Die Kinder bekommen nun den Auftrag, mit Hilfe der bereitgestellten Utensilien einen Schneemann zu basteln.

Lassen Sie den Bastelauftrag bewusst so offen stehen. Dies hat den Vorteil, dass die Kinder auch Kreationen fernab vom klassischen Schneemann basteln und so ihre eigene Kreativität uneingeschränkt ausleben können.

Die fertigen Schneemänner können die Kinder entweder nach dem gemeinsamen Mittagessen als Nachspeise essen oder mit nach Hause nehmen.

Abschlussphase: Erzählung „Weihnachten für einen Schneemann"

https://bit.ly/3DC1fjh
Link oder QR-Code
zum Audio-Guide

An einem kalten Wintertag toben ein paar Kinder durch den Schnee. Die Eiskristalle werden von den letzten Sonnenstrahlen des Tages beleuchtet und glitzern in allen Regenbogenfarben. Die Luft ist klar und kalt. Die Kinder tragen dicke Schuhe, warme Jacken und Mützen aus Wolle. Gemeinsam rollen sie gerade drei Kugeln aus Schnee durch den verschneiten Garten. Die Schneekugeln werden immer größer und größer. Als die drei Kugeln fertig sind, stapeln die Kinder gemeinsam die Kugeln aufeinander. Stolz bestaunen sie ihr Werk. Aber da fehlt doch noch etwas! Die Kinder laufen ins Haus und kommen mit zwei Kohlen und einer Möhre zurück. Diese stecken sie als Augen und Nase in die obere Kugel. Eines der Kinder findet noch einen dünnen Zweig, den sie als Mund für den Schneemann benutzen, und ein anderes Kind sammelt ein paar Steine und steckt sie als Knöpfe in die mittlere Kugel. Nun ist er fertig, der Schneemann. Plötzlich klingelt ein Glöckchen. Das Klingeln kommt aus dem Haus. *„Das Christkind war da!"*, rufen die Kinder und stürmen ins Haus. Der Schneemann bleibt allein zurück. *„Wo sind denn alle hin?"*, fragt er sich etwas betrübt. Doch da sieht er es bereits. Durch die großen Fenster kann der Schneemann in das Wohnzimmer des Hauses schauen, warm und gemütlich ist es und genau dort stehen nun die Kinder. Sie bestaunen einen großen, wunderschön geschmückten Tannenbaum. Unter dem Baum liegen viele Geschenke. Nun beginnt die Familie noch, ein schönes Lied zu singen. In dem Lied geht es um das Weihnachtsfest, Besinnlichkeit und Liebe. *„Das ist wunderschön!"*, denkt sich der Schneemann und schaut wie gebannt durch das Wohnzimmerfenster ins Haus. *„Schade, dass ich nicht mit ihnen zusammen Weihnachten feiern kann!"*, seufzt er leise. Da bemerkt er, dass die Haustür sich ein Stück öffnet. Die Kinder kommen aus dem Haus gelaufen und eines von ihnen hält in der Hand einen großen, bunt geschmückten Tannenzweig. Die Kinder stecken den Tannenzweig vor dem Schneemann in den tiefen Schnee. *„Jetzt gibt es doch ein Weihnachten für mich!"*, freut sich der Schneemann. *„Fröhliche Weihnachten"*, rufen die Kinder und tanzen Hand in Hand um den glücklichen Schneemann.

Nach der Erzählung können Sie den Morgenkreis offiziell beenden.

FLOCKEN

Dauer: 15 bis 20 Minuten

Teilnehmeranzahl: bis 25 Kinder

Ort: im Gruppenraum

Material: Musik

Ziele: Bewusstes Wahrnehmen, Bewegung-Lern-Verbindung, Motivation zur Kommunikation, Zuhören, innere Ruhe, Motorik, Körpergefühl

Inhalt: Traumreise, Bewegungsspiel, Lied

Hinführungsphase: Mitmachgedicht: Pille, Palle, Polle

Pille, palle, polle, *[dreimal klatschen]*
da oben wohnt Frau Holle. *[Zeigefinger zeigt nach oben]*
Sie schüttelt ihre Betten aus, *[Hände ausschütteln]*
da kommen weiße Flöckchen raus. *[Finger zappeln von oben nach unten]*
Ticke, tacke, tocke, *[dreimal klatschen]*
da kommt eine große Flocke. *[eine Faust machen]*
Sie setzt sich auf den Gartenzaun *[zwei Finger zum Gartenzaun kreuzen]*
und möchte dort ein Häuschen bau'n. *[mit den Händen ein Dach über dem Kopf formen]*

Durchführungsphase: Bewegungsspiel „Schneeflockentanz"

Schneeflocken sind einzigartig. Die weißen Flocken schweben manchmal ganz sanft vom Himmel herab, manchmal rieseln sie ganz konstant und manchmal tanzen sie wild umher und werden vom Wind herumgewirbelt. Dabei ist jede Flocke einzigartig. Keine Flocke gleicht zu 100 % der anderen.

In diesem Bewegungsspiel werden die Kinder zu Schneeflocken, die sich frei zur Musik bewegen dürfen. Doch Achtung: Keine Schneeflocke darf exakt die gleichen Bewegungen machen wie eine andere. Das bedeutet, dass jedes Kind sich vorab überlegen sollte, wie es sich gleich als Schneeflocke durch den Raum bewegen möchte. Erschwerend kommt hinzu, dass solche Schneeflocken natürlich sehr empfindliche Gebilde sind und äußerst schnell kaputtgehen können. Deshalb darf keine Schneeflocke eine andere Flocke oder einen Gegenstand berühren. Sobald die Musik startet, kann der Flockentanz beginnen.

Anmerkung: Besonders geeignet ist ein Musikstück, das in Tempo und Stimmung variiert und keinen Text hat. Das macht es für die Kinder leichter, sich auf die Bewegung zu konzentrieren, und erhöht durch die wechselnde Dynamik den Spaßfaktor.

Abschlussphase: Lied „Schneeflöckchen, Weißröckchen"

Schneeflöckchen, Weißröckchen,
wann kommst du geschneit?
Du wohnst in den Wolken,
dein Weg ist so weit.

Komm setz dich ans Fenster,
du lieblicher Stern,
malst Blumen und Blätter,
wir haben dich gern.

Schneeflöckchen, du deckst uns
die Blümelein zu,
dann schlafen sie sicher
in himmlischer Ruh'.

Schneeflöckchen, Weißröckchen,
komm zu uns ins Tal.
Dann bau'n wir den Schneemann
und werfen den Ball.

Nach dem Lied können Sie den Morgenkreis offiziell beenden.

ALLES FRIERT

Dauer: 20 Minuten

Teilnehmeranzahl: bis 20 Kinder

Material: Perlen, die in Eiswürfel eingefroren wurden, Musik

Ort: im Gruppenraum

Ziele: Bewusstes Wahrnehmen, Bewegung-Lern-Verbindung, Motivation zur Kommunikation, Motorik, Kreativität, Ehrgeiz, Körpergefühl

Inhalt: Spiel, Bewegungsangebot, Bewegungsspiel

Hinführungsphase: Spiel „Ich schmelze"

Zu Beginn dieses Spiels verteilen sich die Kinder willkürlich im Raum und nehmen eine für sie lustige Pose ein. Nun lassen Sie alle Kinder zu Eisstatuen gefrieren. Die Kinder dürfen sich nicht mehr bewegen und sind starr gefroren. Nun erzählen Sie den Kindern, dass langsam die Sonne herauskommt. Die Sonnenstrahlen kitzeln auf Ihrer Haut und erwärmen langsam Stück für Stück Teile des Körpers.

Beispiel: Die Sonne wärmt langsam die Finger auf, das Eis schmilzt und die Kinder können ihre Finger wieder bewegen. Anschließend fallen die Sonnenstrahlen auf die Köpfe der Kinder und auch dort beginnt langsam, das Eis zu schmelzen, bis sie auch diese wieder drehen und heben können.

An beliebiger Stelle in Ihrer Erzählung schiebt sich jedoch eine Wolke vor die Sonne und es wird wieder kälter, sodass einzelne Körperteile der Kinder Stück für Stück wieder einfrieren. Dieses Spiel können Sie beliebig lang spielen und damit enden lassen, dass die Kinder zum Schluss vollständig aufgetaut sind.

Durchführungsphase: Bewegungsangebot „Eiswürfel schmelzen"

Teilen Sie die Kinder in Kleingruppen oder Teams ein. Nun verteilen Sie an jedes Team einen der vorbereiteten Eiswürfel, in dessen Kern eine Perle eingefroren ist. Jedes Team hat nun die Aufgabe, seinen Eiswürfel möglichst schnell und effektiv zum Schmelzen zu bringen.

Versuchen Sie hierbei, möglichst wenig Hilfestellung zu geben und nur im Notfall hilfreiche Denkanstöße zu äußern, wie beispielsweise „Wie könnte man denn Wärme erzeugen?".

Je nach räumlichen Gegebenheiten können Sie die Lösungssuche auf den Gruppenraum beschränken oder aber den Kindern auch andere Bereiche, wie den Garten, die Garderobe oder das Badezimmer, eröffnen.

Das Team, das seine Perle als Erstes aus dem Eis herausgeschmolzen hat, hat gewonnen.

Reflektierend können Sie anschließend noch gemeinsam mit den Kindern im Sitzkreis besprechen, wie die jeweiligen Gruppen das Eis schmelzen lassen haben.

Abschlussphase: Bewegungsspiel „Blitzeis"

Zum Abschluss verteilen sich die Kinder wieder beliebig im Raum und können sich frei zu einer von Ihnen ausgesuchten Musik bewegen und tanzen. Schalten Sie nun ganz plötzlich die Musik aus und rufen laut „Blitzeis". Die Kinder müssen nun sofort einfrieren und dürfen sich nicht mehr bewegen.

Nachdem alle Kinder gefroren sind, können Sie die Musik wieder starten und die Kinder tauen auf und tanzen weiter.

Praxistipps für jede Situation im Morgenkreis

Doch auch, wenn Sie den Morgenkreis strukturiert und sinnvoll geplant haben, kann es passieren, dass es in der Praxis zu Desinteresse, Unruhe und Störungen kommt. Im weiteren Verlauf erfahren Sie, wie Sie richtig mit solchen Konfliktsituationen umgehen, und bekommen darüber hinaus wertvolle Tipps, die Ihnen dabei helfen können, solche Problematiken im Idealfall direkt zu vermeiden.

3 EINFACHE TIPPS GEGEN UNRUHE

Deutliche Regeln setzen und bei Bedarf wiederholen

Eine klare Struktur ist im Morgenkreis sehr wichtig. Wiederkehrende Abläufe und feste Regeln helfen den Kindern dabei, dass sich Abläufe einprägen und sie nach einiger Zeit automatisch wissen, wie sie sich in bestimmten Situationen richtig verhalten können. Das Wissen über geregelte Abläufe bringt automatisch Ruhe und Klarheit in den Morgenkreis und verhindert somit Unsicherheit und Hektik bei den Kindern. Zur Veranschaulichung kann es helfen, diese Regeln mit Bildern, Fotos, Gesten oder Objekten zu verknüpfen und diese bei Bedarf im laufenden Geschehen des Morgenkreises zu verwenden.

Sprech-Objekt

Mit Hilfe eines „Sprechsteins“ oder einem anderen kleinen Gegenstand kann Unruhe im Morgenkreis aktiv vermieden werden. Speziell im Bereich des freien Erzählens, wie beispielsweise beim Wochenend-Bericht am Montagmorgen, wollen häufig alle Kinder möglichst viel und schnell von ihren Erlebnissen berichten. Hier kann es helfen, ein Objekt einzuführen, das klar signalisiert, wer in diesem Moment erzählen darf. Dieses Objekt kann beispielsweise ein besonders schöner Stein, ein bemalter Holzstab oder ein kleines Plüschtier sein. Das Kind, welches das Sprech-Objekt in den Händen hält, darf dann erzählen, während die restlichen Kinder zuhören sollen. Anschließend wird das Sprech-Objekt dann von Kind zu Kind weitergegeben, sodass sich eine Reihenfolge ergibt, bei der jedes Kind, das etwas sagen möchte, Raum für seine Erzählungen erhält. Das Wissen darüber, dass jedes Kind somit an die Reihe kommt, sorgt mit der Zeit zusätzlich dafür, dass weniger Unruhe und Aufregung im Morgenkreis herrschen.

Dynamik verändern

Wenn Sie merken, dass die aktuelle Dynamik bei der Gruppe zu vermehrter Unruhe führt, sollten Sie spontan und aktiv einen Wechsel innerhalb der Morgenkreis-Dynamik vornehmen. Beispielsweise können Sie zwischen Anspannung und Entspannung wechseln und die Kinder so zunächst zu körperlicher Aktivität anleiten, bevor sie sich wieder auf einen thematischen Inhalt fokussieren sollen.

TIPPS FÜR GROSSE GRUPPEN

Während kleine Gruppen oftmals leichter zu strukturieren und anzuleiten sind, fällt dies bei einer steigenden Zahl von Kindern meist schwieriger. Oftmals kommt noch eine Altersspanne von bis zu 4 Jahren dazu und darüber hinaus erschweren noch nicht vollständig eingewöhnte Neuzugänge eine klare und ruhige Struktur im Morgenkreis. Diese Faktoren sollten Sie bei Ihrer theoretischen Planung vorab bedenken und berücksichtigen. Insbesondere bei größeren Gruppen ist es sinnvoll und ruhefördernd, eine besonders klare Struktur zu finden, damit es nicht zu Unsicherheiten und Unruhe kommt. Dabei ist es ratsam, geplante Spiele und Aktivitäten bereits so umzuplanen, dass Sie auch in einer größeren Gruppe zielführend durchgeführt werden können. Hierfür gibt es drei Anhaltspunkte, die helfen können, eine große Gruppe von Kindern ruhig und strukturiert durch den Morgenkreis zu führen.

1. Der Raum

Falls es die Räumlichkeiten zulassen, sollte der Morgenkreis an einem Ort durchgeführt werden, der genügend Platz für alle Kinder bietet. Insbesondere eine räumliche Enge in Kombination mit einer hohen Anzahl an Kindern kann das Gefühl von Eingeengtheit erzeugen, woraus wiederum Unbehagen und Überforderung resultieren können. Sitzen die Kinder zu nah aneinander, kann dies somit ein Auslöser für Unruhe und Störungen sein. Es ist daher sinnvoll, dass jedes Kind im Morgenkreis ausreichend Platz für sich selbst und genügend Abstand zum Sitznachbarn hat. Nur wenn der äußerliche Platz vorhanden ist, kann sich das Kind innerlich entfalten und entspannt, auf sich selbst fokussiert und ruhig am Morgenkreis teilnehmen.

2. Kreisspiele

Im Morgenkreis gibt es eine Vielzahl an Aktivitäten und Spielen, die dabei helfen können, bestimmte Thematiken und Schwerpunkte spielerisch zu vermitteln. Doch gerade bei größeren Gruppen können einige Spiele die Gruppendynamik negativ beeinflussen und die Struktur stören. Eine geeignete Art von Spielen sind beispielsweise sogenannte Kreisspiele. Diese Kreisspiele eignen sich sowohl für kleinere als auch für größere Gruppen gleichermaßen, da sie einen offenen Charakter bieten und somit jedes Kind einbeziehen. Kreisspiele ermöglichen in der Regel, dass alle Kinder zeitgleich an dem Spiel teilnehmen. Hierbei bieten die Spiele oftmals die Chance, dass einzelne Kinder sich auf Wunsch besonders einbringen können, während Kinder, die eher zurückhaltend oder schüchtern sind, innerhalb der Gruppen agieren können. Beliebte Kreisspiele sind beispielsweise „Mein linker, linker Platz ist frei“ oder „Elefant-fant-fant“.

Mein linker, linker Platz ist frei

Ziel: Motivation zur Kommunikation, aktives Zuhören, Reaktionsvermögen, Motorik

Vorbereitung: Die Kinder bilden zunächst einen Stuhlkreis. Falls Sie einen Sitzkreis ohne Stühle abhalten, ist es von Vorteil, mit Hilfe von Sitzkissen oder kleinen Matten optisch gut erkennbare Sitzplätze zu gestalten. Das erleichtert den Kindern später das Spiel. In dem gebildeten Sitzkreis integrieren Sie nun einen weiteren Sitzplatz. Dieser freie Platz bleibt zuerst unbesetzt.

Durchführung: Das Kind, auf dessen linker Seite nun der freie Sitzplatz ist, darf das Spiel beginnen. Hierfür klopft es mit einer Hand auf den freien Platz neben sich und sagt dabei „Mein linker, linker Platz ist frei, ich wünsche mir (Name eines anderen Kindes) herbei“. Das gerufene Kind folgt nun der Aufforderung und setzt sich auf den freien Platz. Hierdurch entsteht wiederum ein neuer „linker Platz“ den das entsprechende Kind auf der rechten Seite wieder mit dem Spruch „Mein linker, linker Platz ist frei ...“ besetzen darf. Dieses Spiel kann beliebig lang fortgeführt werden.

Elefant-fant-fant

Ziel: Motivation zur Kommunikation, Körperkontakt, Motorik, Reaktionsvermögen

Vorbereitung: Bestimmen Sie ein Kind, das für diese Runde zum Elefanten wird. Der Elefant stellt sich nun mittig in den Raum, während die restlichen Kinder einen Kreis um den Elefanten bilden.

Durchführung: Die Kinder singen nun:

„Der Elefant-fant-fant,
der kommt gerannt, rannt, rannt,
dein Rüssel ist soooo laaaang,
kommst du an das Zuckerstück ran?“

Am Ende vom Lied strecken alle Kinder im Kreis dem Elefanten ihre ausgestreckte Hand hin und zeigen dem Elefanten ein imaginäres Zuckerstück.

Nun darf der Elefant ein Zuckerstück bzw. die Hand eines Kindes greifen und zu sich in die Mitte ziehen. Dieses Kind ist nun in der nächsten Runde der Elefant.

Dieses Kreisspiel kann in seiner Länge beliebig variiert werden.

3. Kleingruppen bilden

Wenn es sowohl die Räumlichkeiten als auch die Zeit zulassen, kann es insbesondere bei neuen oder spezifischen Thematiken hilfreich sein, größere Gruppen in Kleingruppen oder Teams aufzuteilen. Hierbei können Sie ganz nach Bedarf und Nutzen in altersgleiche oder altersgemischte Gruppen aufteilen. Altersgemischte Gruppen oder Partnerarbeiten haben den Vorteil, dass die Kinder voneinander lernen, indem jüngere Kinder von der Hilfe und dem Wissen der älteren Kinder profitieren. Werden Gruppen gebildet, bei dem die Kinder das gleiche Alter bzw. einen ähnlichen Wissensstand haben, ermöglicht dies, dass die Kinder miteinander lernen. Darüber hinaus ist auch die Gruppen- oder Teambildung als solche interessant. So können Sie die Kinder beispielsweise selbst einen Partner auswählen lassen oder gezielt Kinder in eine Gruppe einteilen, die im sonstigen Kindergartenalltag weniger Kontakt miteinander haben. Die Bildung von Kleingruppen hat somit nicht nur den Vorteil, dass eine tiefere und fokussierte Einarbeitung in eine bestimmte Thematik ermöglicht wird, sondern fördert darüber hinaus auch das Gemeinschaftsgefühl und sorgt für eine positive Gruppendynamik.

AKTIVIERUNGSIDEEN

Der Morgenkreis hat einen roten Faden, ist in seiner Struktur gut durchdacht und die Dynamik ist an die Gruppe angepasst. Dennoch fällt Ihnen auf, dass ein einzelnes Kind gelangweilt wirkt oder sich ein bestimmtes Kind im Morgenkreis zurückzieht, da es sich nicht traut, aktiv am Geschehen teilzunehmen?

An dieser Stelle liegt es bei Ihnen, die Situation bewusst wahrzunehmen, gezielt zu ergründen und individuell angepasst zu reagieren.

Situation: Das Kind wirkt unaufmerksam

Während des Morgenkreises nehmen Sie wahr, dass ein Kind unaufmerksam ist. Es schaut im Raum umher, begutachtet seine Hausschuhe, spielt in den Haaren oder versucht, die Aufmerksamkeit des Sitznachbarn zu erlangen.

Aktivierungsidee: Sprechen Sie das Kind gezielt mit seinem Namen an und versuchen Sie, es aktiv mit in den Morgenkreis zu integrieren. Stellen Sie beispielsweise eine Frage zu der aktuellen Thematik, zum Beispiel: „Lisa, fällt dir auch ein Wort ein, das mit dem Anlaut L beginnt?"

Situation: Das Kind wirkt desinteressiert

Sie stellen im Hauptteil des Morgenkreises ein neues Thema vor. Während die meisten Kinder aktiv und motiviert am Morgenkreis teilnehmen, zieht sich ein Kind zurück. Es beschäftigt sich mit anderen Dingen und zeigt wenig bis hin zu gar keinem Interesse an dem aktuellen Thema.

Aktivierungsidee: Ändern Sie die Dynamik und starten Sie spontan eine Gruppenaktivität. Hierbei können die Kinder beispielsweise in Partnerarbeit oder Kleingruppen gemeinsam überlegen, welche Merkmale ihnen zum Thema Frühling einfallen. Die Partner- oder Gruppenarbeit involviert das desinteressierte Kind aktiv in den Morgenkreis, wodurch sich das Interesse der anderen Kinder übertragen kann. Darüber hinaus schafft es einen eigenen, selbstbestimmten Zugang zu dem Thema, was ebenfalls zu einem gesteigerten Interesse führen kann.

Situation: Das Kind wirkt gelangweilt

Ihnen fällt auf, dass sich ein Kind im Morgenkreis über einen längeren Zeitraum und unabhängig von der Themenwahl wenig bis gar nicht engagiert zeigt. Das Kind nimmt nicht aktiv am Geschehen teil, wirkt gelangweilt, sucht andere Beschäftigungen, „träumt", macht Quatsch oder versucht, den Ablauf zu unterbrechen bzw. zu stören.

Aktivierungsidee: Versuchen Sie, gezielt herauszufinden, warum das Kind gelangweilt ist. Oftmals kann zum Beispiel Unterforderung ein Grund sein, weshalb sich ein Kind dauerhaft bei Ritualen langweilt. Das Kind hat die Abläufe bereits verinnerlicht, kennt die Variationen und auch inhaltlich hat es neue Themen schnell erarbeitet und ist den anderen Kindern in diesem Bereich wissenstechnisch voraus. Falls Sie eine solche Unterforderung als Auslöser für die Langeweile vermuten, kann es helfen, dem Kind kleine Aufgaben zu geben, um es aktiv in den Morgenkreis einzubinden und individuell zu fordern.

Situation: Das Kind wirkt zurückhaltend und schüchtern

Es gibt Kinder, die sich sowohl im Morgenkreis als auch im allgemeinen Kindergartenalltag eher von einer ruhigen und zurückhaltenden Seite zeigen. Das Kind wirkt oftmals unsicher, schüchtern und findet sich bei neuen Situationen oder innerhalb einer Gruppe eher schwierig zurecht.

Aktivierungsidee: Gerade bei ruhigeren Kindern ist es besonders wichtig, sie nicht zu überfordern und unnötig unter Druck zu setzen. Helfen Sie dem Kind, indem Sie bewusst die Regeln und Routinen innerhalb des Morgenkreises wiederholen. Diese Wiederholung erzeugt eine klare Struktur, die dem Kind wiederum Sicherheit suggeriert und dabei hilft, sich emotional der Gruppe zu öffnen. Nur in einer sicheren Umgebung ist es möglich, sich auf neue Faktoren einzulassen und aktiv in eine Gruppe zu integrieren. Fehlt es dem Kind langfristig an Selbstvertrauen, kann es helfen, dem Kind verschiedene „Mutmach"-Optionen an die Hand zu geben, um mehr Selbstsicherheit aufzubauen. Solche „Mutmach"-Optionen können flexibel ausprobiert und an das jeweilige Kind angepasst werden. Sie können zum Beispiel beim Frühstück einen „Mutmach"-Saft auf den Tisch stellen, den jedes Kind nach Belieben trinken kann und der im Morgenkreis dann den Mut verleiht, sich etwas zu trauen oder zu erzählen. Auch kleine Rollenspiele helfen dem Kind dabei, die Perspektive zu tauschen. So kann der Rollentausch zu einem Riesen vielleicht die nötige Portion Mut bringen, im Morgenkreis aktiv ein Spiel mitzuspielen.

Wichtig ist an dieser Stelle, noch einmal zu betonen, dass es für kein Kind und keinen Auslöser die eine Aktivierungsidee zur Lösung gibt. Versuchen Sie, sich ganz individuell auf die persönlichen Aspekte des jeweiligen Kindes einzulassen und eine personenbezogene Lösung zu finden, um dem Kind eine aktive Teilnahme am Morgenkreis zu ermöglichen.

7 TIPPS, WIE SIE MIT WUT & AGGRESSIONEN IM MORGENKREIS RICHTIG UMGEHEN

Der tägliche Morgenkreis stellt ein harmonisches Ritual dar, was den Kindern zum Start in den Kindergartentag Sicherheit und Geborgenheit vermitteln soll. Wenn jedoch ein einzelnes oder auch mehrere Kinder durch ein störendes Verhalten den Morgenkreis wiederkehrend unterbrechen, kann dies das gesamte Ritual nachhaltig schädigen. Zeigt besagtes Kind / Zeigen besagte Kinder zudem noch ein wütendes bis aggressives Verhalten, sollten Sie optimal reagieren, um die Situation schnellstmöglich zu entspannen. Im Folgenden finden Sie 7 wertvolle Tipps, wie es Ihnen gelingen wird, mit der Wut der Kinder richtig umzugehen und Aggressionen bestmöglich in den Griff zu bekommen.

Tipp 1: Ruhe bewahren

Zeigt sich ein Kind wütend oder aggressiv, ist der wichtigste Tipp, stets die Ruhe zu bewahren. Es hilft weder Ihnen noch den Kindern, wenn Sie sich selbst aufregen, lauter werden oder in Stress geraten. Vermitteln Sie eine ruhige und dennoch bestimmte Grundstimmung. Dies vermittelt dem wütenden Kind, dass Sie die Situation im Griff haben und wissen, was zu tun ist. Auch den übrigen Kindern suggerieren Sie somit das Gefühl von Sicherheit und verhindern dadurch, dass die Unruhe zunimmt.

Tipp 2: Zuwendung

Fällt ein Kind durch ein wütendes, aggressives Verhalten auf, sollten Sie sich diesem Kind besonders zuwenden. Häufig liegt der Ursprung von solchen Wutausbrüchen bei Kindern darin, dass sie sich nicht gesehen oder missverstanden fühlen. Zeigen Sie besagtem Kind in so einer Situation also deutlich, dass Sie es bewusst wahrnehmen. Manchmal reicht es schon aus, dass das Kind merkt, dass es wahrgenommen wurde, um sich wieder zu beruhigen.

Tipp 3: Sitzordnung ändern

Eine feste Sitzordnung gibt es im Morgenkreis in der Regel nicht. Häufig suchen sich Kinder von sich aus die beste Freundin oder den Freund als Sitznachbarn aus oder wollen neben dem Kind sitzen, mit dem sie bereits vor dem Morgenkreis gespielt haben. Kinder, die jedoch neu in der Einrichtung sind, wenig Freunde haben oder gegebenenfalls verspätet in den Morgenkreis kommen, bekommen dann oftmals die noch freien Plätze zugewiesen. Diese entstandene Sitzordnung ist somit täglich neu und willkürlich gewählt. Dieses Prinzip kann funktionieren, kann jedoch auch für Unruhe sorgen. Wenn Sie während des Morgenkreises merken, dass ein Kind das Ritual störend unterbricht und sich zudem wütend bis aggressiv verhält, kann es helfen, das Kind aus seinem derzeitigen Umfeld herauszuholen und umzusetzen. Ein Streit mit dem Sitznachbarn kann somit gezielt unterbunden werden und das Kind findet an seinem neuen Sitzplatz eventuell schneller wieder in einen ruhigen Gemütszustand zurück.

Tipp 4: Die Situation verlassen

Falls ein Sitzplatzwechsel nicht ausreicht, um die Wut des Kindes zu unterbrechen, kann es helfen, die Situation zu verlassen und mit dem Kind in einen anderen Raum zu gehen. Dieses Loslösen aus dem Morgenkreis kann dem Kind dabei helfen, sich von der Wut zu distanzieren und zur Ruhe zu kommen.

Tipp 5: Ursprung finden

Sobald das Kind sich beruhigt hat und wieder in einer Gemütslage ist, in der es Ihnen zuhören und den Inhalt auch aufnehmen kann, sollten Sie gemeinsam mit dem Kind versuchen, herauszufinden, woher seine Wut und Aggression kamen. Eventuell kann das Kind von sich aus schon erklären, was der Auslöser für seine Wut war, oder Sie können zusammen mit dem Kind den Ursprung erarbeiten.

Tipp 6: Gefühle thematisieren

Wenn Sie gemeinsam mit dem Kind den Grund für seine Wut und Aggressionen gefunden haben, sollten Sie dem Kind Hilfestellung geben, seine Gefühle in Bezug auf diesen Auslöser zu benennen und zu thematisieren. War es beispielsweise enttäuscht, weil ein anderes Spiel gespielt wurde als das eigene Wunschspiel? War es unsicher, weil es den Text vom neuen Lied noch nicht kann? War es traurig, weil es seine Erlebnisse vom Wochenende nicht mehr erzählen konnte? Solche Emotionen beim Namen nennen zu können, kann Kindern langfristig dabei helfen, diese Gefühle besser zuzulassen, zu verarbeiten und auch kommunizieren zu können.

Tipp 7: Lösungsansatz aufzeigen

Nachdem das Kind sich beruhigt hat und Sie zusammen den Auslöser bzw. seine Emotionen benennen konnten, können Sie dem Kind Lösungsansätze aufzeigen, wie es mit seinen Gefühlen besser umgehen kann. Hierbei sollte eine offene Kommunikation grundsätzlich als Lösung angeboten werden. In dem Moment, in dem sich das Kind Ihnen das nächste Mal öffnet und um Ihre Hilfe bzw. Ihre Aufmerksamkeit bittet, haben Sie die Chance, vorbeugend zu reagieren, und können dadurch einem erneuten Wutanfall entgegenarbeiten.

Darüber hinaus können Sie dem Kind auch weitere kleine Verhaltensansätze näher bringen, mit deren Hilfe es seine Gefühle besser annehmen und verarbeiten kann. Dabei können zum Beispiel, je nach Alter des Kindes, Zähl- oder Meditationsübungen vorgeschlagen werden.

Zählübung

Ziel: Beruhigung der Atmung, innere Entspannung, Fokusverschiebung, bewusster Umgang mit den eigenen Emotionen

Durchführung: Diese Übung eignet sich für Kinder, die bereits über ein Grundverständnis von Zahlen verfügen und dieses in der korrekten Zahlenabfolge abrufen können. Bei der Zählübung bekommt das Kind in einer Konfliktsituation den Auftrag, zunächst in sich zu gehen und innerlich bis zu einer bestimmten Zahl zu zählen, bevor es aktiv oder körperlich auf die Konfliktsituation reagiert. Die Zahlenreihe sollte für das Kind auch in einem erregten Zustand sicher zu schaffen sein, damit sich kein neues Konfliktpotenzial ergibt.

Die innere Konzentration auf das Zählen hat zur Folge, dass sich das Kind auf etwas anderes als die Konfliktsituation fokussiert. Resultierend daraus kommt das Kind zur Ruhe, entspannt sich und kann im besten Fall die Situation aus einem ruhigeren Gemütszustand heraus neu bewerten und bewältigen.

Meditationsübung „Der Ballon“

Ziel: ruhige und bewusste Atmung, Entspannung, innere Ruhe, bewusster Umgang mit den eigenen Emotionen, Lockerung der Muskeln

Durchführung: Das Kind setzt sich entspannt und mit geradem Rücken auf den Boden. Wenn es mag, kann es die Beine zum Schneidersitz formen. Nun legt das Kind die Hände mit den Handinnenflächen auf seinen Bauch und atmet tief durch die Nase ein. Hierbei ist der Mund geschlossen, so dass die eingeatmete Luft nicht durch den Mund hinausströmen kann, sondern den Bauchraum füllt. Der Bauch füllt sich nun langsam, aber stetig mit Luft, wie ein Luftballon, der aufgeblasen wird.
Sobald der Luftballon richtig groß und gefüllt ist, kann das Kind die Luft kurz halten und dann anschließend langsam und ruhig ausatmen. Hierbei soll nach Möglichkeit zunächst die Luft aus dem Bauch und erst danach die Luft aus der Lunge weichen.

Diese Atemtechnik kann bei Bedarf 3 bis 5 Minuten durchgeführt werden.

Anmerkung: Insbesondere kleineren Kindern kann es leichter fallen, diese Übung im Liegen durchzuführen statt im Sitzen.

So kann der Tag beginnen 😊

Richtig durchgeführt ist der Morgenkreis nicht nur ein gemeinsamer Start in den Tag, bei dem viel gesungen und gespielt wird, sondern er stellt ein wertvolles Ritual für den Kindergartenalltag dar.
Dieser Ritual-Charakter bietet den Kindern eine Beständigkeit und vermittelt somit nachhaltig Struktur, Sicherheit und Geborgenheit.

Darüber hinaus stellt der Morgenkreis die ideale Unterstützung für die Entwicklungsgrundlagen der Kinder dar. Besonders zwischen dem 4. und 7. Lebensjahr wird dabei nachhaltig das Langzeitgedächtnis geprägt, dessen Entwicklung in direkter Verbindung mit konstant abgerufenem Handlungswissen steht, wozu auch der rituelle Morgenkreis im Kindergarten zählt.

Des Weiteren bietet der Morgenkreis eine elementare Plattform für das soziale Lernen der Kinder, indem er dabei hilft, verschiedene soziale Kompetenzen zu erlernen und auszubauen. So werden im Morgenkreis beispielsweise die Selbst- und Fremdwahrnehmung geschult, die Perspektivübernahme und eine damit einhergehende Empathie gefördert, aber auch das eigene Selbstwertgefühl wird nachhaltig gestärkt. Damit der Morgenkreis möglichst gewinnbringend eingesetzt werden kann, ist eine gute Planung sinnvoll. Dabei ist zunächst auf eine klare Gliederung zu achten. Bei der inhaltlichen Gestaltung ist es möglich, verschiedene Themen und Ereignisse gezielt mit den Kindern zu erarbeiten und somit bewusst wahrzunehmen. Besonders geeignet sind hierfür die Natur sowie die Jahreszeiten, denn das Lernen von und in der Natur gilt dabei als besonders wertvoll und nachhaltig. Die Kinder sind meist freier, ungezwungener und kreativer und können sich in der Natur individuell entfalten und entwickeln. Darüber hinaus werden bei der Arbeit mit Naturmaterialien mehrere Sinne gleichzeitig angesprochen und involviert, was zur Folge hat, dass die Kinder das neu erlangte Wissen noch effektiver verarbeiten und abspeichern können. Der Morgenkreis ist ein besonders effektives und pädagogisch-wertvolles Werkzeug, das gezielt dabei helfen kann, die Kinder bedürfnisorientiert in ihrer persönlichen Entwicklungsreise zu begleiten, zu fordern und zu fördern. Ich wünsche Ihnen viel Spaß beim Ausprobieren und einen ‚guten Start in den Morgen'!

„Die größte Kunst ist, den Kindern alles,
was sie tun oder lernen sollen,
zum Spiel zu machen."

John Locke (1632-1704)